生活文化史選書

闇のコスモロジー

魂と肉体と死生観

狩野敏次 著

はじめに

私たちのまわりから闇が消えてしまった。とくに都会で暮らしていると、その思いはいっそう強く感じられる。夜の帳《とばり》がおりても、あたりが闇のベールにつつまれることはない。ネオンや広告塔の明かりはいうにおよばず、さまざまな人工照明の明かりがあたりを照らし出し、夜の闇を駆逐しているからだ。現代人は闇には無関心である。そればかりか、夜の闇を否定して、もっぱら昼間の明るい世界だけに生きようとしている。それはたとえば二四時間営業のコンビニエンスストアやファミリーレストランなどによくあらわれている。これらの店舗に共通しているのは、大きなガラス窓にくわえ、照明が必要以上に明るいことで、店内からこぼれる光が周辺を煌々《こうこう》と照らし出す。それは夜の闇に浮かぶ巨大な光の箱のようであり、夜を昼の延長として生きる現代人の意思表明でもある。

私たちのまわりから闇が消えるとともに、闇の力、闇の意味も失われてしまった。かつて闇の力、闇の意味が生きていた時代のことを考えてみたい。とくに古代では、照明器具の未発達なこともあって、夜は闇が圧倒的に支配する世界であった。日没とともに、闇が津波のように迫ってくる。そして漆黒の闇が夜をすっぽりとつつみ込むと、人々はただひたすら夜が明けるのを待つしかなかった。しかし一方で、夜の闇が人々の幻想や想像をかきたてたことも事実である。それをかりに「闇の想像力」と呼ぶことにしよう。闇の想像力がはたらくのは、意識が目覚めているときとはかぎらない。むしろ意識が眠り、無意識が覚醒するときこそ、活発にはたらくのである。闇は無意識を覚醒させ、闇の想像力を活性化させる。注目したいのは、闇の想像力から古代人特有の他界観が紡ぎ出されたことで、他界観は闇の想像力の産物であって、その意味では、闇と他界は切っても切れない関係にある。

他界は魂の住む世界である。古代人の死生観によれば、人間は魂と肉体からなると考えられた。肉体は魂を入れる容器で、魂が中身である。魂は生命をつかさどるもので、人が生きているのは魂が肉体のなかに宿っているあいだけである。魂が肉体から離れ、永遠にもどらない状態が死である。肉体は滅ぶけれども、魂は不滅である。肉体が古くなると、魂は古い肉体から離れようとする。古代人は死というものをそのように考えていたふしがある。古くなった肉体から離脱した魂は、そのふるさとともいうべき他界にいったん帰り、そこで清められ、そしてふたたび新しい肉体に宿って再生する。これが人の誕生である。赤子が生まれるのは、魂の再生でもあった。

人が死んだり、生まれたりするときには、現世と他界の間で魂のやり取りが行われる。魂をめぐる交渉を儀礼化したのが、ほかならぬ葬送儀礼であり、出産儀礼である。いずれにしても、出産と死は、この世とあの世の間で魂のやり取りが行われる瞬間であった。

常世もまた他界の一種で、海の彼方に想定された不老不死の理想郷である。昔話の浦島太郎が渡った国としても知られる。この昔話の原作は浦島子《うらのしまこ》説話である。

浦島子が大海原にひとり小船を浮かべて釣りをしていると、一匹の亀を釣り上げる。亀は美女に変身したかと思うと、島子を常世へ誘う。美女は常世に住む乙姫で、島子は乙姫のいわれるままに常世へ渡り、そこで逸楽の日々を過ごすことになる。やがて島子は故郷が恋しくなり、乙姫にいとまを告げて地上に帰ってくる。島子が常世で過ごしたのは三年だが、地上では実に三〇〇年が経過していた。故郷へ帰ってきたものの、だれひとり知る人もいない。天涯孤独の身になった島子は、寂しさのあまり乙姫からもらった玉手箱のふたを開けてしまう。するとなかから白雲が出て、常世の方に向かってたなびいていく。それと同時に、島子の黒い髪はみるみる白くなり、皮膚も皺だらけになり、とうとう死んでしまった。

それにしても、この説話には謎が多い。常世は魂が安住する世界である。生身の人間が生きたまま常世へ渡ることはできない。ところが常世に滞在した島子は、地上にいるときと少しも変わらないように見える。また地上に帰った島子は、三〇〇年もたっているにもかかわらず、なぜ若々しい肉体を保つことができたのか。そもそも島子はどのようにして常世へ渡ったのか。乙姫はなぜ帰りぎわに島子に玉手箱を手渡したのか。玉手箱から出てきた白雲とはいったい何か……など、さまざまな疑問が矢継ぎ早に湧いてくる。

ともかく、人が生まれたり死んだりするときには、現世と他界の間で魂のやり取りが行われる。本書ではそのことを具体的に考えてみたい。前半では住まいや出産儀礼を中心に、後半では日本神話が語る黄泉《よみ》の国訪問、火遠理命《ほをりのみこと》の海神宮《わたつみのかみのみや》訪問、それに浦島子説話などをテキストにして話をすすめていく。この本のもうひとつのテーマは後半の表題にもなっている「魂と肉体」である。このキーワードをタイムカプセルに積み込んで、現代から過去へ旅立つことにしよう。

目次

II　魂と肉体

第一章　闇の想像力

第二章　眠りと他界

第三章　魂と影

Ⅰ　他界へのまなざし

第一章　「奥」の日本文化

現代人の住まいと死生観

人生儀礼を含む私たちの生活の出来事の多くが住まいのなかから姿を消してしまった。かつて赤子が産声をあげるのは住まいのなかであり、また祖父や祖母が静かに息を引き取るのも同じ住まいのなかであった。生と死は人生の出来事のなかで最も厳粛で荘厳なドラマだが、その人生の喜びや悲しみが住まいのなかで行われてきたのである。住まいはまさに人生のドラマが演じられる舞台といってよかった。

では、現代の住まいはどうだろうか。現代人が出産や死に立ち会うのはもっぱら病院の一室である。そのほか冠婚葬祭をはじめ非日常的な出来事のほとんどが住まいの外で行われる。現代住宅はたんなる日常生活の場でしかない。住まいは住み手の死生観と深くかかわっていて、現代住宅は非日常的な出来事を住まいのなかから閉め出す現代人の死生観をそのまま反映したものだといえる。なかでも死に対する現代人の拒否反応は異常ともいえるほどで、現代人は住まいのなかから死を排除し、一見、生を謳歌しているようにみえる。しかし内心は生活のなかに死の影、死の不安をかき立てるものを持ち込みたくないだけなのである。こうした死への不安や恐怖が、現代人特有の死生観を生み出している。現代人にとって、人生とはもっぱら明るい生だけで成り立っているのである。

歴史的にみれば、これはきわめて特異な死生観だといわざるをえない。過去の文明と比較すると、現代文明には「死」に対する思想が欠けている。過去の文明の多くは生と同じく死についても配慮を怠らなかった。古代ギリシアやローマはいうにおよばず、中世のヨーロッパにしても、そこには死後の世界から現世を見すえるという視座があった。いわば逆光のなかで人間の生というものをとらえていたのである。

日本でも同じことがいえる。かつて日本人の生活がハレとケというまったく異質な二つの側面から成り立っていたことはよく知られている。ハレとは誕生、成人、結婚、葬式など、いわゆる冠婚葬祭と呼ばれる人生儀礼をはじめ、正月、盆、節句に代表される年中行事や神祭りなど、要するに改まった日のことで、一方のケは普段の生活をさしている。ハレには生だけでなく、葬式、法事、先祖祭り、盆など死や死者にかかわる儀礼も多く含まれ、人間の生というものが、死とそれにまつわる儀礼によってむしろ確かなものとされていたのである。また、ともすれば単調に流れやすい日々の暮らしにハレの生活が一つの折目、節目をつけていたことも事実で、ハレとケという二つの局面をもちながらリズミカルに展開する人々の暮らしは多彩で、しかも変化に富んでいた。そしてハレの行事の多くが住まいのなかで行われたから、住まいは多彩でドラマチックな人間生活の場とも考えられていたのである。

一方、ハレの生活を失った現代人の暮らしは何の変哲もない日常生活の繰り返しにすぎない。単調な毎日がすべるように流れるだけである。かつて私たちの祖先が体験したようなハレの時間のなかで高揚した気分を味わう機会が失われている。それは当然ながら私たちの生活の場である住まいにも反映されている。ハレの生活を失った現代人の住まいはたんなる日常生活の場でしかない。それはのんべんだらりとした単調な日々の暮らしの場と化してしまったのである。

現代人の生活が折目、節目を欠いて均質化しているように、現代人の住まいもまた場所性を失って均質化している。昔の民家には神々を祀る聖なる空間が随所に存在した。神棚や仏壇をはじめ、土間には竈神《かまどがみ》、荒神、大黒様、厩《うまや》には厩神、納戸には納戸神や歳徳神《としとくがみ》、便所には厠神《かわやがみ》、井戸には水神というように、住まいのいたるところに神々が祀られていた。そこは日常的な俗なる空間から区別された特別な意味を帯びた空間であり、そのような聖なる空間が住まいのなかに場所性をあたえていたのである。神々と、それらを祀る人間とが、たがいにテリトリーを侵すことなく住まいのなかで共存していた。住まいの空間はけっして均質ではなく、場所によって意味の違い、価値の違いが存在したのである。

その点、ユークリッド幾何学の三次元空間をそのまま現実の世界にあてはめたような現住宅とは対照的である。そこには空間における意味の違いもなければ、異なる場所性も存在しない。それぞれの場所は意味や価値の違いをもたないから、たがいに交換が可能である。早い話が寝室を書斎に転用することもできるし、またリビングルームの一部を家具で仕切って、子どもの勉強部屋にあてることもできる。これは現代住宅の空間が意味の違いもなければ、異なる場所性もない均質空間であることを物語っている。

現代住宅の空間が均質化された大きな原因は場所性の不在によるところが大きい。さらにこれを助長しているのが均質化された照明である。現代住宅の室内はどこも同じような明るさの光で満たされている。昔の民家の屋内は全体的に薄暗く、また部屋によっても明るさが異なっていた。とりわけ神々を祀る聖なる空間はこのんで闇のたちこめる場所に設けられていた。日本の神々が闇のなかに示現することを考えれば、これはむしろ当然のことであった。

神々が宿る暗い空間は、一方では人間に恐怖の感情をかきたてたこともたしかである。とくに便所は昼間でも薄暗く、しかもそこはこの世とあの世の境界であり、霊魂の出入り口と信じられた。そのため子供たちは夜間、便所に行くのをひどくおびえたものである。便所の闇のなかには何か得体の知れぬものがひそんでいて、いつなんどき襲いかかってくるかもしれない。子供たちにしてみれば、闇に対する恐怖は切実であった。まだ闇の力、闇の意味が生きていたのである。また便所で用を足していると、河童に尻をなでられたという伝承もよく耳にした。河童は水神の化身ともいわれ、この世とあの世の境界に出没することから、このような伝承が語り継がれてきたのである。便所をはじめ境界とされるところはきまって闇がたちこめる薄暗い空間であった。

空間の深さと共感覚

夜を昼の延長として生きる現代人の生活スタイルは、死を切り捨て、明るい生だけで成り立っている現代人の死生観とどこかでつながっているはずである。ややもすれば、私たちは明るさが人間の生のすべてであると考えがちである。しかしそれは私たちの生にとって、ひとつのあり方をあらわしているにすぎない。人間の生を補うものとして、むしろ暗さは大きな意味をもっている。現代人が闇を失うことは、人間の生のあり方からすれば重大な欠陥をもたらすものだといわざるをえない。具体的な例をあげよう。たとえば私たちは昼と夜をまったく別の空間として体験する。とくに夜の闇のなかにいると、空間のなかに闇が溶けているのではなく、闇そのものが空間を形成しているのではないかと思えてくる。闇と空間は一体となって私たちにはたらきかける。哲学者で精神科医のミンコフスキーは、夜の闇を「昼の明るい空間」に対立させたうえで、その積極的な価値に注目している。

……夜は死せるなにものかでもない。ただそれはそれに固有の生命をもっている。夜に於ても、私は梟の鳴き声や仲間の呼び声を聞いたり、はるか遠くに微かな光が尾をひくのを認めたりすることがある。しかしこれらすべての印象は、明るい空間が形成するのとは全然異なった基盤の上に、繰り広げられるであろう。この基盤は、生ける自我と一種特別な関係にあり、明るい空間の場合とはまったく異なった仕方で、自我に与えられるであろう

(『生きられる時間』二、二七七頁)。

明るい空間のなかでは、あらゆるものは明確な輪郭をもって私たちの前に現れる。私たちは視覚によってものをとらえることができる。ものとものの間、私たちとものの間には空虚な空間がひろがっている。空虚な空間は「距離」ということばに置き換えることができる。距離は物差で測定できる量的なもので、この距離を媒介にして、私たちは空間と間接的な関係を結ぶ。私たちと空間のあいだを距離が隔てているために、空間が私たちの身体に直接触れることはない。明るい空間を支配するのは「距離」という次元である。

山の彼方に沈む夕日。やがてあたりは闇一色に染まる。

一方、闇は「明るい空間」とはまったく別の方法で私たちにはたらきかける。明るい空間のなかでは「見ること」が優先し、その結果、他の身体感覚が抑制される。しかし闇のなかでは視覚はまったく用をなさず、私たちは「見ること」を断念しなければならない。そのかわり明るい空間のなかで抑制されていた他の身体感覚がよびさまされる。視覚にかわって触覚、嗅覚、聴覚などの身体感覚によって空間を把握しようとするはたらきが活発になる。とくに触覚のはたらきは重要で、私たちの身体は空間に直接触れあい、空間が私たちの身体に浸透するように感じられる。空間と私たちはひとつに溶けあう。それは物質的で、手触りのあるものだ。明るい空間はよそよそしいが、暗い空間はなれなれしい。恋人たちの愛のささやきは、明るい空間よりも暗い空間のなかでこそふさわしい。

闇のなかでは、私たちと空間はある共通の雰囲気に参与している。私たちを支配するのは、ミンコフスキーが指摘するように、あらゆる方向から私たちをつつみこむ「深さ」の次元である。明るい空間のなかで支配的であった「距離」の次元が、ここでは「深さ」の次元にとってかわる。それは気配に満ち、神秘性を帯びている。そして大事なことは、深さは私たちの前にあるのではなく、私たちのまわりにあって、私たちを包み込んでいることだ。それは私たちの五感全体をつらぬき、身体全体に浸透する共感覚的な体験である。

近代の空間が手に入れたものは多いが、反面、失ったものも少なくない。その最たるものが、実は「深さ」の次元である。現代人が闇に無関心なのも、近代建築がたどってきた歴史をみれば、おのずから明らかになる。近代建築がめざしたのは明るい空間の実現であった。たとえばピロティ、連続窓、ガラスの壁、陸屋根《ろく》は、近代建築が明るい空間を実現するために開発した装置である。ピロティ（建物を支持する独立した柱）は建物を大地から解放する。そして連続窓、ガラスの壁、陸屋根によって建物のなかに陽光がさんさんと降り注ぐようになった。さらにこれに拍車をかけたのが人工照明の発達である。明るい空間が実現するにつれ、私たちの身体感覚にも微妙な変化がみられるようになった。視覚を中心にした身体感覚の制度化がすすんだのである。視覚はものと空間を対象化する。空間は測定可能な量に還元され、空間を支配するのは距離であり、広がりであると考えられるようになった。それと同時に、たがいに異なる意味や価値を帯びた場所性が空間から排除され、空間のあらゆる場所は人工的に均質化されるようになった。こうして場所における違いをもたないユークリッド的な均質空間が完成する。

深さとは、空間的には水平方向における深さをあらわしている。幅に対する奥行きである。しかし均質化された近代の空間にはこの奥行きが存在しない。というのも、均質空間はどの場所も無性格で取り換え可能だから、前から見れば奥行きであっても、横から見れば幅であり、奥行きと幅は相対化された距離に還元されてしまうからだ。つまり均質空間のなかでは、幅も奥行きも「距離」という次元に置き換えられる。したがって、そこにあるのは空間の広がりだけであり、深さがない。

奥の意味

ミンコフスキーが深さについて語っているのは、もっぱら空間的な意味においてである。一般に西洋では、深さは水平方向における深さであり、純粋に空間的な意味しかもっていないようである。それに対して、わが国では深さは水平方向における深さであると同時に、時間的な長さをも意味する。深さは空間的であるとともに時間的な意味をもっている。それを端的にあらわしたことばが「奥」である。奥は日常的にもよく使われることばである。

たとえば来客を家のなかに案内するさい、よく「奥へどうぞ」などという。具体的に座敷とか応接間とはいわずに「奥」という。この場合の「奥」とはいったい何を指しているのだろうか。それが具体的な部屋を指しているのでないことは明らかである。「座敷へどうぞ」「応接間へどうぞ」といわれれば、部屋のイメージを頭に思い描くこともできる。だが奥といわれると、少しおおげさにいえば、いったいどこに連れて行かれるのだろうという一抹の不安が心をよぎる。奥は漠然として、つかみどころがない。奥は具体的な対象物を指すことばではなく、ある何ものかを暗示することばである。このあたりに、日本語に固有な奥ということばの深い意味が隠されているように思われる。こころみに辞書を引いてみると、奥には次のような意味がある。

「外（と）」「端（はし）」「口（くち）」の対。オキ（沖）と同根。空間的には、入口から深く入った所で、人に見せず大事にする所をいうのが原義。そこにとどくには多くの時間が経過するので、時間の意に転ずると、晩（おそ）いこと。また、最後・行く先・将来の意。〈空間的に場所について〉入口から深く入った所。最も深くて人のゆかない、神秘的なところ。末尾。〈「道の奥」の意で〉奥州。みちのく。奥まった部屋。〈心理的に大切にする所の意で〉心の底。芸の秘奥。貴人の妻の居室。貴人の妻。奥方。夫人。〈時間に転用して〉晩（おそ）いこと。また、最後。将来。行く先。（『岩波古語辞典』、二一二頁）

要するに、奥は空間的にも時間的にも到達しがたい最終的な場所、時間を指している。それだけではない。奥義、

貴船神社参道（京都）。険しい石段、両側には朱塗りの献燈がいくつも並ぶ。

奥伝ということばがあるように、奥には空間的、時間的な意味のほかに、深淵ではかりがたいという心理的な意味もある。奥は空間的、時間的、心理的な意味を含みながらひろく日本の文化を支えている。

奥を具体的に体験できる場所に日本の古い神社がある。神社の境内は鎮守の森と呼ばれる深い森につつまれ、その森を分け入るように長い参道が続いている。参道は社殿に向かってまっすぐにのびているのではない。右に左に折れ曲がり、つま先あがりの坂道になったり険しい石段になったり、実に変化に富んでいる。参道の両脇には鳥居や献燈がいくつもならび、うっそうとした木立や苔むした庭石などとともに巧みに配されている。そして手水舎《ちょうずや》、回廊、拝殿、玉垣、正殿へと続くが、神社の中心である正殿には仏教寺院のように偶像が安置されているわけではない。せいぜい神の依代としての鏡があるくらいだ。仏教寺院の中心は仏像と、それが安置してある本堂だが、神社にはそれに相当するものがない。上田篤氏は、神社の中心はむしろ参道であるというが（『鎮守の森』、一七頁）、本来なら目的地に到達するための手段であるはずの参道が、神社ではそれ以上の意味をもっているのである。そして見通しのきかない曲がりくねった参道を一歩一歩踏みしめながら歩いて行くと、私たちの精神はしだいに高揚し、聖なるものに近づいて行くような感じをいだく。そのとき、私たちは「奥」を感じる。

清少納言は『枕草子』のなかで「近うて遠きもの」のひとつに「鞍馬のつづらをりといふ道」をあげている（一六一段）。鞍馬はいうまでもなく京都洛北にある鞍馬寺のことで、街道から険しい石段を上ると、つづら折りの坂道が本殿まで続く。道は幾重にも曲がりくねり、実際に歩いてみると想像以上に遠く感じられる。進行と迂回を繰り返すことから、なかなか目的地に到達できない。「近いようで遠いもの」といわれるゆえんである。つづら折りの坂道も、神社の参道と同じく奥を演出する装置にほかならない。

このように奥は最終的な建物ではなく、そこへいたるまでのプロセスを造形化したものだといえる。奥について最初のまとまった論考を発表したのは槇文彦氏である。槇氏は奥の特性を次のように説明する。

> 奥性は最後に到達した極点として、そのものにクライマックスはない場合が多い。そこへたどりつくプロセスにドラマと儀式性を求める。つまり高さでなく水平的な深さの演出だからである。多くの神社に至る道が曲折し、僅かな高低差とか、樹木の存在が、見え隠れの論理に従って利用される。それは時間という次数を含めた空間体験の構築である（『見えがくれする都市』、二二〇頁）。

奥は時間的な要素を含む概念である。その点、「間《ま》」との類似性が考えられて興味深い。間も奥と同様に空間的な概念であると同時に時間的な概念である。奥は純粋に空間的な意味での奥行きではなく、目的地へ向かうプロセスの演出によって私たちの心のなかに生じる心理的な距離感覚であり、時間感覚である。人間の身体感覚に深くかかわる概念だといえる。また槇氏は、奥は「見る人、つくる人の心のなかでの原点」であり、「見えざる中心」だという。

さきほどの「奥へどうぞ」ということばには、案内する側とされる側の両者の心のなかの原点に向かって行くというニュアンスがある。案内された瞬間から、すでに奥の空間体験がはじまっているのである。奥は最終的に到達すべき建物や部屋が目的ではなく、そこへいたるプロセスに儀式と演出を求めるからだ。

「奥」と海上他界思想

奥には最終的な到達点というものがない。神社の参道を歩いて行くと、最後は正殿にたどりつく。しかし正殿は特定の地点を指し示すものではなく、ひとつのシンボルにすぎない。奥にはさらに奥があり、そしてそこにはつねに聖なるイメージがつきまとっている。

『岩波古語辞典』によると、オク（奥）はオキ（沖）と同根語とされる。仏教や儒教が伝来する以前、日本には海上他界思想があった。いわゆる常世の思想である。常世はもとは死者の霊魂が行くところと考えられたが、のちには蓬莱神仙思想などの影響で実り豊かな不老不死の理想郷と信じられるようになった。また、時をさだめて恵みをもたらす来訪神が住むところでもあった。常世の位置は特定できないが、日本の国土が周囲を海にかこまれた島国であることから、海上沖合のはるか彼方を漠然と想定していたようである。水平線の果てに常世の国が存在する。ときおり海辺に打ち寄せられる南国のめずらしい果物や流木は常世からの贈り物と考えられた。

常世は海の彼方にあって死者が住むと同時に、遠来の神が住む豊かな恵みの国でもある。それは日本人の水平線の彼方に対する憧憬が、他界というかたちに結晶化したものにほかならない。水平線の行く着く先は奥である。奥は常世の国と重なる。大野晋氏は、「オキ（沖）は深い所、奥まった所、大事な所、価値ある所」だと述べている（『日本語をさかのぼる』、一七一頁）。これは沖と奥の深い結びつきを暗示させるもので、奥が日本人にとって特別の意味をもつのは、そこに日本人の心のふるさとともいうべき常世の思想が反映されているからだといえよう。常世は日本人が考える「奥」の原イメージである。奥にはつねに死の影、聖なるもののイメージがつきまとっているが、それも奥と他界との関係を考えれば納得がいくだろう。

奥と聖なるものとの関係を考えるうえで、沖縄の海上他界思想も興味深い。これはニライカナイ信仰と呼ばれ、沖縄は四周を海にかこまれた島々からなり、本土と同じように沖縄でも、海の彼方に神の国ニライカナイがある。伊従勉氏の説明では、『中山世鑑』に荒神は「ワウ」に出現するとある。荒神は海神のこと、ワウは『中山世鑑』や琉球の史書『球陽』には「奥《わう》」とあり、その祭祀を俗に「奥之御公事《わうのみおやだいり》」といった。沖縄には奥武（オオ）という名のつく地先の小島が七つほどあり、いずれも古代の無人の葬所であったらしい。奥《わう》とはその地先の小島のことで、ここを足溜まりとして、海神は本土に上陸する（「死者の島」）。奥には死者の島と神の宿る場所という二重のイメージがこめられているのである。

沖縄と同じ文化圏に属する奄美にはアヲということばが残されている。アヲは沖縄のワウ（奥）に相当することばである。田畑英勝氏は奄美各地のアヲのつく地名と、その語感について述べている。それによると、アヲは「空間的・時間的な距離とか間《ま》（間隔）の意味」に使っているという。老人たちはいまでも「アヲヌ　トゥサン（距離が遠い）、マダ　アヲヌ　アッカナ（未だ時間的な間があるではないか）、アヲヌ　チキャサ（距離が近い）、ナリ　アヲ　ヌキィティ　シレィ（も少し間をおいてやれ）」などというそうである（『奄美の民俗』、九〇頁）。ここでいう間とは一種の距離を意味しているという。

沖縄のワウ、奄美のアヲはいずれも「奥」を意味する古いことばである。それは聖なるものに近づいていくような感覚であり、聖なるものは遠くにあって近寄りがたい。そこへ至るには時間を要することから、時間と距離という二重の意味が発生する。

沖縄のニライカナイ信仰や奄美地方に残る奥の古い意味からわかるように、奥はもともと聖なるものとの深いかかわりのなかから生まれたことばである。奥はたんなる空間的な長さのことではなく、信仰的・宗教的な感情に染めあげられたわが国独特の空間と時間をあらわす観念である。近代合理主義は奥からこの信仰的・宗教的な感情を抜き去り、物理的な長さ、距離に還元した。奥は測定可能な量としての「奥行き」に置き換えられたのである。近代化とは、ある意味では純化のことである。ものと精神は分離され、ものによる自律的な世界の構築を可能にした。この文脈に沿っていえば、近代建築がめざした均質空間とは、測定可能な量としての長さによって構築される空間のことであり、人間の感情を取り除いてひたすら物質的であろうとする空間のことである。それは物質的な透明感をもつ反面、空間的な厚み、深さに欠ける。

奥と日本語の構造

奥は現世と他界を結ぶ聖なる観念であり、それはさまざまなかたちをとりながら日本の文化をはぐくんできた。近代合理主義の立場からすれば、「奥」は時間と空間が未分化なことから曖昧な概念と思われるかもしれない。しかしそれがかえって空間に厚みや深さをあたえることになるのである。

とくに日本の伝統的な住宅空間が深さと厚みをもつにいたったのは、奥の演出によるところが大きい。たとえば門をくぐり、玄関を入って座敷にいたる道筋には、格子戸、衝立《ついたて》、暖簾《のれん》、屛風、障子、簾《すだれ》など、さまざまな障屛具がたくみに配されている。これらの障屛具は結界として作用し、空間を水平方向に幾重にも分節する。障屛具は木や紙や布でできていて、物

大徳寺瑞峯院茶庭（京都）。簾は結界として作用する。結界はなかば閉じられ、なかば開かれた曖昧な装置である。

理的には厚みを欠く装置である。壁とちがって空間を明確に区切るのではなく、なかば拒みながら、なかば受け入れるという曖昧な装置である。このような結界が視覚的な障害となって、私たちの視線をさえぎる。衝立や簾の向こうに人影を垣間見たり、衣擦れの音を耳にしたりするにつけ、結界の向こうにも空間が息づいているのを感じる。これは空間に奥を感じさせる巧みな演出法といっていい。これらの結界をひとつひとつ越えることによって、空間がしだいに深さをましていく。それと同時に空間の厚みを感じることができる。奥はさまざまな結界の巧みな配置によってひき起こされる空間体験なのである。

『枕草子』二二一段には、「人の家につきづきしもの肱《ひじ》折りたる廊」とあり、人の家にふさわしいもの、似つかわしいものとして、清少納言は「肱折りたる廊」をあげている。ここでいう「人の家」とは平安貴族が住むような邸宅、つまり寝殿造のことである。「肱折りたる廊」は折れ曲がった廊下という意味で、ここには平安貴族の住まいに対する常識の一端が示されている。寝殿造は寝殿を中心に東西と北側に対屋《たいのや》が設けられているのがふつうで、建物から建物へ移動するにはいくつもの廊下を通らなければならない。折れ曲がった廊下を通ることは、進行と迂回を繰り返すことである。進行と迂回を繰り返すうちに、しだいに奥へ奥へと入り込んでいくような感じをいだく。「肱折りたる廊」とは、そのような奥を体験する空間装置にほかならず、それはまた空間を実際以上に壮大なものと思わせるいわば魔法の手品でもある。

ところで、牧野成一氏は日本語と英語の語構造の違いについて分析している。それによると、結界をひとつひとつ越えることでしだいに空間の中心に分け入っていく奥の空間構造と、日本語の語構造との類似性が明らかになる。奥の空間構造と日本語の語構造がきわめてよく似ていることがわかる。

日本語の語順は配置内容の核心をいわば至聖所とする構造で、話し手は——従って、聞き手も——次第に至聖所に近づいて行くのである。ところが、英語の場合は初めから話し手は至聖所に立って動かないで、全体のパースペクティヴを持っている。日本語の場合は内のうちなる至聖所へ動いて行くという空間移動があり、(中略)聞き

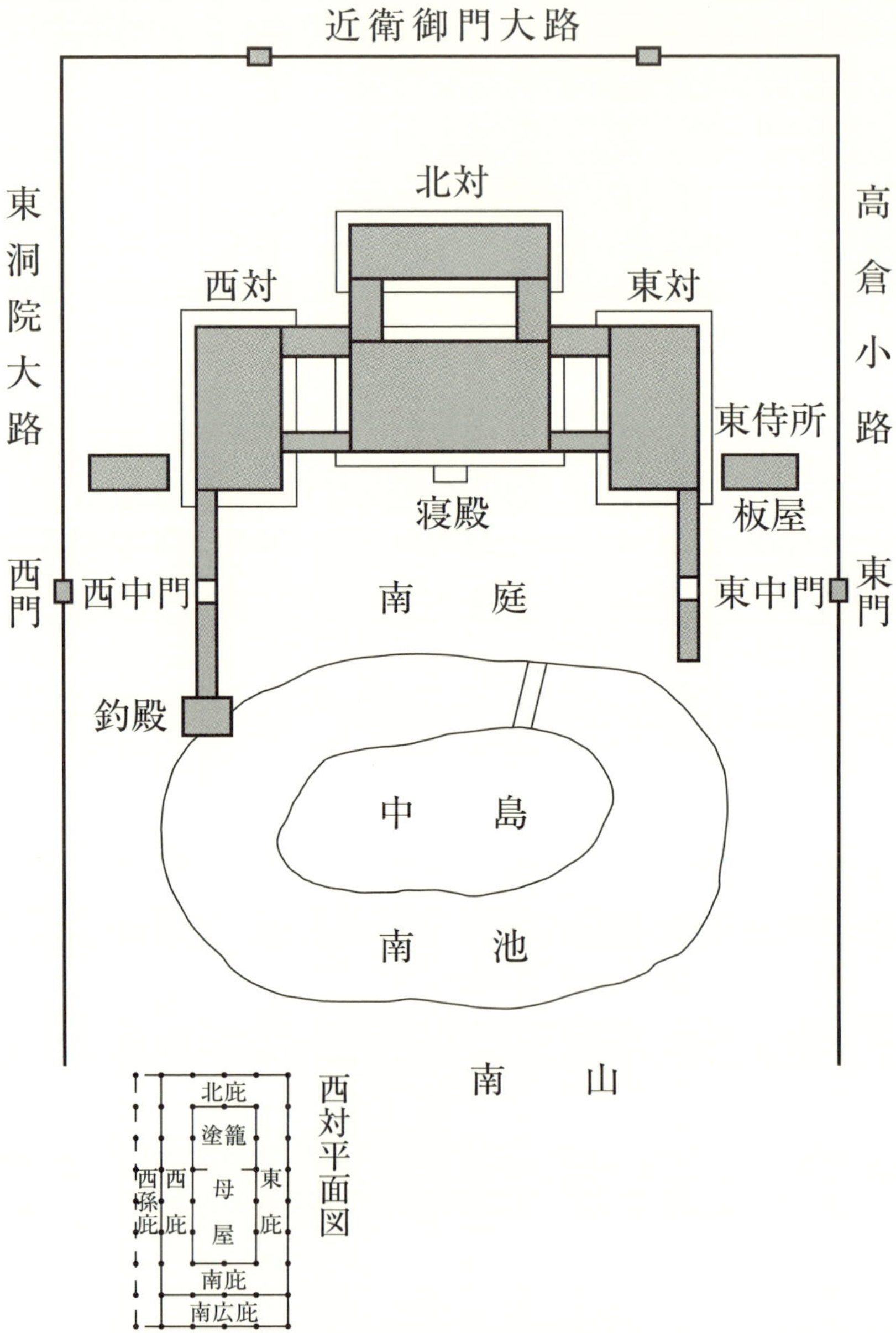

寝殿造（第一条第）の推定復元図
（太田静六『寝殿造の研究』吉川弘文館より）

手には話し手がどれを目標にしているのかはすぐには分からない。英語では一歩入った所で止まり、そこから全体の眺望が得られる（『ことばと空間』、四頁）。

英語の場合、文章の前半ですでに文意が判明するのに対して、日本語では最後までわからない。あたかもベールを一枚一枚はがしていくように、日本語の文章は徐々に意味があらわになる。日本の空間と同様に日本語の語順にも、しだいに奥へと導かれる空間構造が存在する。日本語は「見えざる中心」に向かって進んでいくという奥の感覚にきわめて近い構造をもっているのである。

奥の空間構造と日本語の語構造が似ているのはなぜだろうか。原広司氏と黒井千次氏の対談のなかで使われた「空間図式」という言葉を借りていえば（『ヒト、空間を構想する』、四九頁）、人間の身体のなかには空間が棲みついていて、その空間図式にしたがって私たちはものを考え行動する。上下や左右を区別し、空間を把握することができるのも、あらかじめ私たちの身体のなかに空間図式があるからで、逆にいえば、私たちの思考や行動はその空間図式に規定される。空間構造と語構造が似ているのは、同じ言語圏の人間が同じ空間図式を生きているからだといえよう。「はじめに空間ありき」である。

もっとも、空間図式が私たちの意識にのぼることはほとんどない。むしろ無意識の世界に属しているからだ。この空間図式は、結局のところ、水平線の彼方に常世の国を想定した日本人の他界観とも重なるし、常世とは、日本人の身体のなかに棲みついた空間が、そのまま世界観にまで拡大されたものにほかならないともいえるだろう。

奥座敷・奥の間

わが国では至聖所は見えざる中心である。その至聖所を目に見える空間としてあらわしたのが、日本の伝統的な住まいにみられる奥座敷、奥の間である。たんに座敷ともいう。その名称から、これを奥まった部屋と考えるのはかな

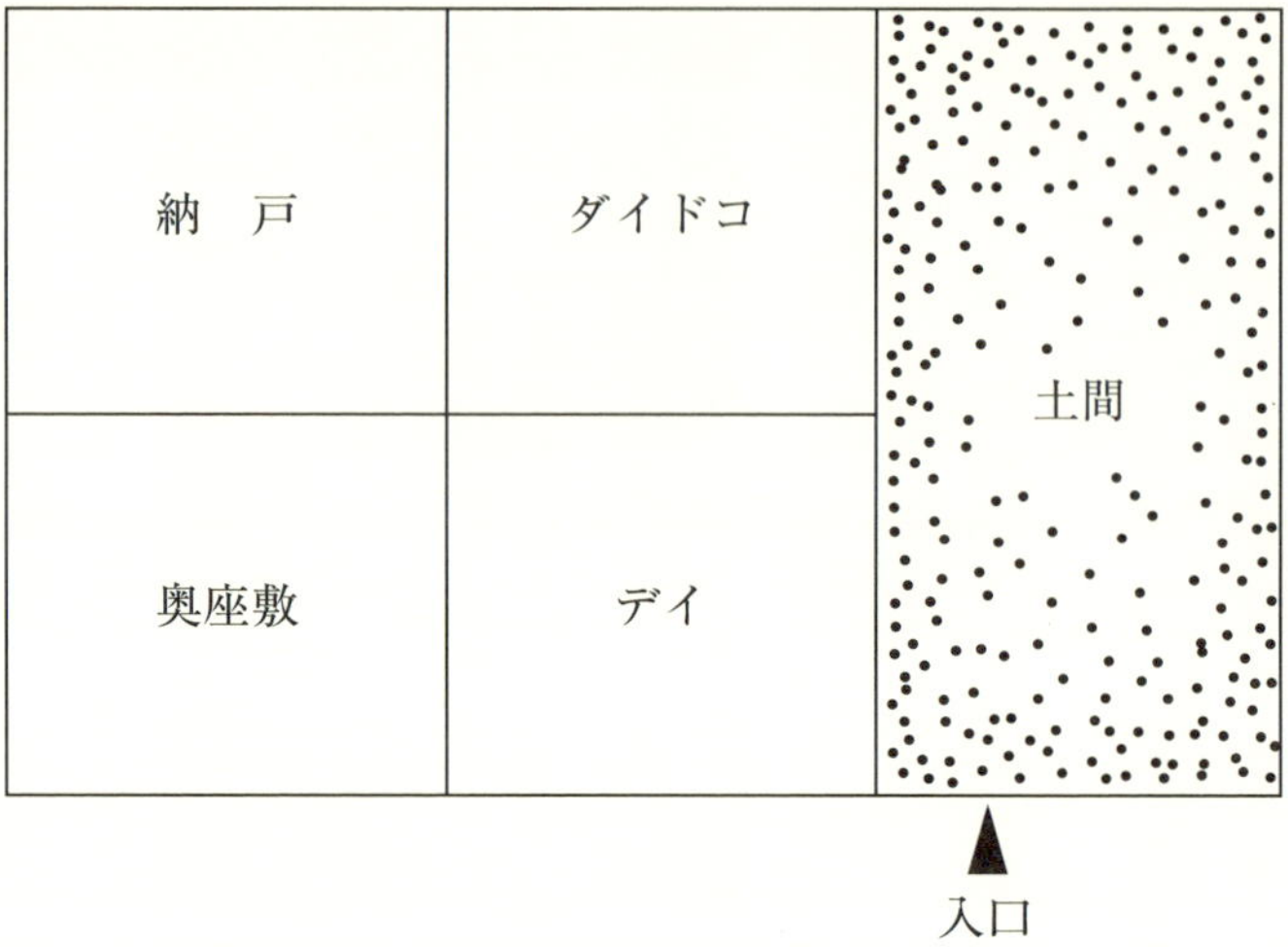

日本の民家の典型とされる整形四間取り（田の字型）のプラン

らずしも適切ではない。というのも、他の部屋との相対的な位置関係によって「奥」と感じられる部屋を指しているからだ。絶対的な意味ではなく相対的な意味での奥の空間、それが奥座敷、奥の間である。奥は住まいを結界によって水平方向に分節するだけでなく、プラン（平面）の上でも展開される。

日本の民家の典型とされる整形四間取り《よまど》（田の字型）のプランを例にとって説明すると、まず民家の屋内は大きく分けて土間と床の部分からなっている。土間はそれと接するダイドコ、デイとともに住まいの表とみなされ、それに対して、この二部屋に接する納戸、奥座敷は裏とみなされる。ダイドコは家族がふだん生活する部屋、デイは改まった茶の間、納戸は寝室、そして奥座敷は冠婚葬祭や年中行事のために使われるハレの間である。日常生活で奥座敷を使うことはめったにないが、行事や祭りが行われるときはデイとの境を仕切る板戸や襖を取り払って一続きの部屋とする場合が多い。納戸とダイドコを私的な場とすれば、奥座敷とデイは公的な場ということができる。前者をケの空間、後者をハレの空間と言い換えてもいい。日本の民家は表と裏のほかに、公と私、あるいはハレとケという領域区分で分けることができるのである。

ダイドコは納戸につぐプライベートな空間である。このダイドコと奥座敷との位置関係に注目すると、両者は対角線上に配置されているのがわかる。いわゆる雁行型の方向性を示している。この方向性が空間に深さをあたえるひとつの要因になっているのである。すでにみたように、『枕草子』には人の家に似つかわしいものとして「肱折りたる廊」があげられていた。進行と迂回を繰り返す折れ曲がった廊下こそ貴族の住まいにふさわしいという。考えてみれば、折れ曲がった廊下にも雁行型の方向性がみられる。つまり日本の伝統的な住まいは民家であれ寝殿造であれ、雁行型に配置することで、空間に深さをあたえる工夫がなされているのである。

民家では、奥座敷へ行くにはいったんデイか納戸を通らなければならない。このダイドコと奥座敷との位置関係が空間に深さと奥行きをあたえている。そのほかにも表と裏という構造軸の上に、さらに公と私、あるいはハレとケという構造軸を重ね合わせることで、空間に多彩な意味の違いと密度の違いが生じる。奥は他の部屋、とりわけダイドコとの相対的な位置関係によって決まるが、一方では、このような場所性の違いによって生まれる独特な空間感覚でもある。

民家の奥座敷は家族の日常生活の場であるダイドコとは対角線上の位置にある。この雁行型の方向性が空間に深さをあたえているわけだが、奥座敷の性格そのものにも注目したい。奥座敷が日常の生活で使われることはほとんどなく、祭りや年中行事など特別な日にかぎって使われる。もし奥座敷が他の部屋と同じように日常的に使われることがあれば、奥座敷の聖性は著しくそこなわれてしまう。奥座敷は俗なる空間から隔離されることで、聖性を維持しているのである。聖なるものは遠くにあって近寄りがたい。奥座敷は心理的には遠くにある部屋という印象が強く、この心理的な距離感が奥座敷をして奥を感じさせる要因にもなっている。奥は物理的に測定できるような距離感ではなく、私たちの心のなかに生じる距離感覚にほかならない。

このように民家の奥座敷は家族の日常生活の場であるダイドコとの位置関係、それに俗なる空間から隔離された心理的な距離感覚など、相対的な位置関係によって奥と感じられる部屋なのである。

現代住宅の場合はどうだろうか。民家と現代住宅の違いをプランの上から考えてみることにしよう。もとより、現代住宅にはハレとケという空間の領域区分は存在しない。しいていえば、表と裏という領域区分が考えられるくらいだろう。たとえば居間、応接間、食事室を「表」とし、それに対して、寝室、子供室、書斎、浴室、便所などを「裏」

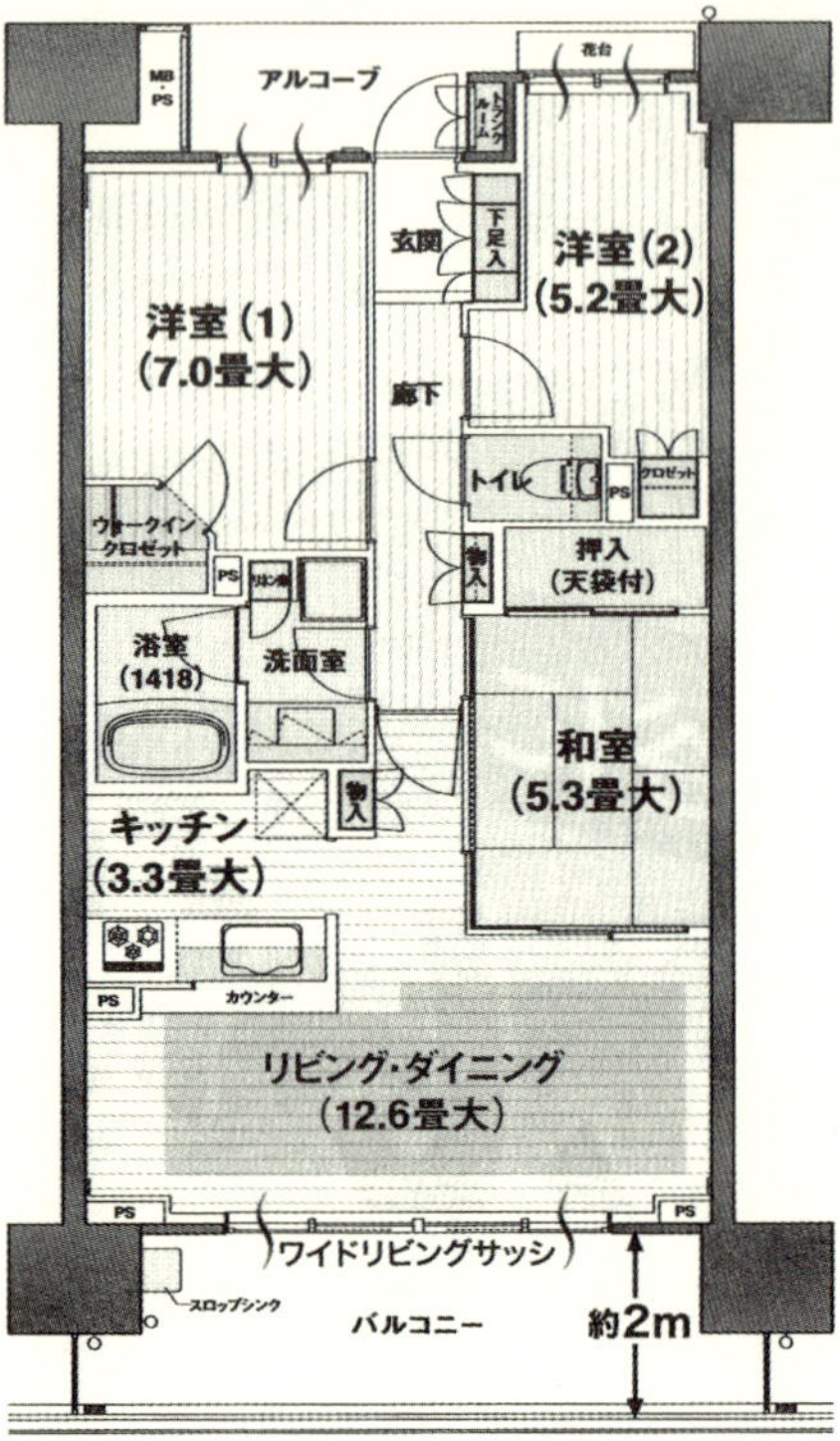

マンションの平面図
(新聞の折り込み広告より)

とする領域区分はゆるやかとはいえ存在する。ところが団地やマンションではこの区別もあいまいである。一戸建てとちがって団地やマンションは隣家と壁で接するため、窓や玄関の位置に制約を受ける。一般によくみられるプランでは、バルコニーのある南側を表とし、逆に北側を裏とするケースが多い。南側にリビングルームやダイニングルームをとり、北側に寝室や子供室をとる。しかし北側には同時に玄関という表向きのスペースをとる場合が多く、そのため動線的なつながりに著しい混乱をきたしている。プライベートな部屋であるはずの寝室が、玄関から最も近いところに配置されているのである。

一般的にいって、団地やマンションのプランでは表と裏という空間の領域区分に一貫性がみられない。というよりも、そうした領域区分ははじめからほとんど考慮されていないといったほうが正確である。団地やマンションは現代都市住宅のひとつの典型である。そこではハレとケ、表と裏、公と私という異なる空間の構造軸がたがいに重複することはなく、そのため空間における意味の多様性と密度の違いもほとんど生じない。均質化された空間といわれるゆえんである。

住まいと無意識

住宅空間の均質化はとくに戦後になって表面化した問題である。直接の原因は、私たちの住まいからハレの生活が失われ、それとともに空間に深さと方向性をあたえていた奥座敷、奥の間が姿を消してしまったことにある。昔は祭りや年中行事などハレの時間のなかで高揚した気分を味わうことができたが、現代ではその機会が失われてしまった。ハレの生活を失った現代人の生活が折目、節目を欠いて均質化しているように、現代住宅もまた、深さと奥行きを失って均質化している。そこには漠然とした空虚感が漂っている。現代住宅に飢餓感のようなものを感じるといわれるのも、要は空間の深さへの渇望からくるのであろう。

空間の深さへの渇望は、死へのまなざしを欠いた現代人の死生観とも深くかかわっている。死へのまなざしは、他界へのまなざしでもあり、他界は深層心理学的には人間の無意識の世界を意味する。空間の深さは人間の心の影の部分、つまり無意識の世界を象徴している。谷川健一氏は、「仏教やキリスト教の影響による世界観や死生観が支配する以前の日本人の考え方」を最も純粋かつ鋭敏にあらわしているのが「常世」の思想であり、日本人の「深層意識の原点」だという（『常世論』、七頁）。日本では空間の深さはとくに「奥」と呼ばれる。奥は常世のイメージが時間的・空間的な場所としてあらわれたものであり、そこには日本人の集合的無意識が投影されている。

近代建築が見落としてきたのも、実は人間の無意識の世界である。近代建築は機能性や利便性を重視するあまり、人間の無意識を抑圧してきた。機能は目的と役割のあいだに一種の関数関係を想定し、両者を操作の対象にする。機能主義は日常生活を睡眠、食事、団らん、接客、育児、娯楽、排泄などいくつかの機能に還元する。そして住まいをそれらが効率的に作用するシステムと考える。機能に還元できないものは無視され、住宅はあたかも機械のように目的と役割の関係が明瞭になる。ル・コルビュジェは「住宅は住むための機械である」といったが、これは近代建築の理想でもあった。

しかし、人間の行為がすべて機能に還元できるわけではない。住宅にかぎっていえば、機能に還元できない余剰ともいうべきものが、むしろ住まいを住まいたらしめている。住むという行為が「無意識の価値におおわれている」といったのはバシュラールだが（『大地と休息の夢想』、一二七頁）、住まいに厚みをあたえるのは、私たちの意識にのぼらない無意識的なものである。住むという行為は意識と無意識を含めた人間の生全体の要求から生まれるものであり、空間を意識的な操作の対象と考える近代建築に、私たちが飢餓感や居心地の悪さを感じるのはむしろ自然なことだといえる。

記憶、あこがれ、夢想、聖なるものといったひそやかな生のいとなみは、空間の広がりではなく「深さ」のなかに胚胎する。空間の広がりは活動的にふるまう場にはふさわしいけれども、住まいという安らぎの場にはふさわしいとはいえない。安らぎや休息には空間の広がりよりも深さが必要である。わが国では空間の深さとは奥のことである。それは生と死を結ぶ感覚である。現代文明は死へのまなざしを欠いている。その世界観のなかに「死」が位置づけられていないのである。空間の深さと、現代人の死生観とは相容れない。現代人の住まいが空間の厚みを欠き、深さに欠けている根本的な原因もこの点にあるといっていい。空間の深さを失うことは、私たちの心の影、つまり無意識の世界を受け止めてくれる基盤を失うことにほかならない。現代住宅に飢餓感や居心地の悪さを感じるのも、要は私たちの無意識の世界を受け止めてくれるものがないからだ。空間の深さの構築は、水平的な広がりの彼方に無意識の世界を築くことである。それはまた栗田勇氏の魅力的なことばを借りていえば、「忘れ去られた宇宙の半分」を取り戻す作業でもある。

第二章　納戸のコスモロジー

納戸の原風景

民家の薄暗い屋内にあって、さらに輪をかけたような暗い一室がある。納戸と呼ばれる夫婦の寝室である。近世民家の典型とされる整形四間取り（二六頁の図参照）を例にとって説明すると、まず入り口の土間に面しているのがデイとダイドコで、デイは客間、ダイドコはさしずめ現代のリビングダイニングに相当する。デイの奥は座敷、そしてダイドコの奥が納戸である。つまり納戸は座敷とダイドコに隣接し、デイとは対角線上に位置する。一般の民家ではデイと座敷は南側に面しているから、家屋の北側にあって、しかも入り口の土間からみていちばん奥まった場所に位置するのが納戸である。

部屋の広さは四畳半ほどで、座敷との境は壁でふさがれ、ダイドコ側に唯一の出入り口をとる。そして外部に接する壁には小さな明かりとりの窓が申し訳程度についている。暗いわけである。しかしさらに古い民家になると、明かりとりのないまったくの密室空間である場合がめずらしくない。入り口の板戸を締め切ると、昼でもなかは真っ暗である。座敷との境の壁をのぞけば、二方向の壁は外部と接しているわけだから、窓を取ろうと思えば技術的にはいくらでも可能である。にもかかわらず、あえてそうしなかったのは何か理由があるのだろう。さしあたっていえるのは、納戸は採光を必要としない空間であったということだ。いや、それ以上に積極的に光を避けようとする意図がこの空間にはあったようである。なぜだろうか。そのことを考える前に、まず民家の納戸がいつごろ、どのようにして誕生したのか、その成り立ちからみていくことにしよう。

実は民家のなかにつくられた最初の独立した部屋は納戸であった。民家の起源が縄文時代の竪穴住居にあることは一般によく知られている。竪穴住居は地面に竪穴を掘り、その上に草葺きの屋根をかけた半地下式の建物である。要するに土間だけの一室住居で、床に干し草などを敷いて寝床とした。窓はなく、出入り口が一か所あるだけであった。屋内は昼間でもかなり暗かったから、作業をすることなどおぼつかない。住居はもっぱら寝ることと休息のために使われたのだろう。初期の竪穴住居は「ねぐら」同然であって、住まい全体がいわば寝室であったと考えられる。

その後、竪穴住居に一大転機がおとずれる。屋内に炉が設けられるようになったのである。炉は調理や採暖のほか照明器具もかねていたから、炉がつくられると屋内で生活する時間がふえてくる。住まいはたんなる「ねぐら」から生活の場へとゆるやかに変化していった。土間の部分と敷物を敷いた部分というように、生活の機能に応じて空間を使い分けるようになるのもこの時期あたりからであろう。漠然とはいえ、生活の機能にしたがって空間が固定化されてくる。とはいえ、その変化は遅々としたもので、たとえ土間に敷く干し草がワラやムシロに変わったところで住居の基本的な構造に大きな変化はみられなかった。次の弥生時代、そして古墳時代をへて奈良時代になっても庶民は相変わらず竪穴住居に住んでいたのである。たとえば『万葉集』におさめられた山上憶良の貧窮問答歌に出てくる住まいもまた竪穴住居であったと考えられる。

……　伏廬《ふせいほ》の　曲廬《まげいほ》の中に　直土《ひたつち》に　藁解き敷きて　父母は　枕の方《かた》に　妻子等《めこども》は　足《あと》の方に　囲《かく》み居て　憂ひ
吟《さまよ》ひ　……　（巻五—八九二）

ここに出てくる「伏廬」は竪穴住居のことであろう。「伏」は「かぶせる」とか「覆う」という意味で、地面に屋根を伏せたかたちとみることができる。「廬」は『和名抄』に「農人作廬以便田事（中略）和名伊保」とあるように、農民が田植えや稲刈りなど農繁期に作る仮小屋が本来の意味であり、したがって伏廬は地面に屋根を伏せた仮小屋のような家、つまり竪穴住居のことである。曲廬はその竪穴住居が傾いた状態をいうのであろう。ともかく曲がって倒れかけた小屋のなかで貧しい家族が同じ土間の一室に寝ている。地面にじかに藁を敷いて。父母は枕の方に、妻や子

復元された竪穴住居、登呂遺跡（静岡市立登呂博物館提供）

供たちは足の方にとあるから、おそらく土間の中央に炉が切ってあり、それを囲むように寝ていたのであろう。まだ寝室と呼べるような独立した部屋はなかった。縄文時代以来、竪穴住居といういわばワンルームでの生活が長年にわたって続けられてきたのである。だが一方では、竪穴住居のなかに独立した寝間らしき部屋が誕生するのも奈良時代であった。同じ『万葉集』の東歌がそのことを示唆している。

　水門《みなと》の　葦が中なる　玉小菅　刈り来《こ》吾が背子
　床の隔《へだし》に　（巻一四―三四四五）

水門の葦の中にある美しい小菅を刈ってきてくれるように妻が夫にたのんでいる。床の隔てにするためだという。小菅を編んでムシロにして、それを上からつるして夫婦だけの寝間を確保したい。そんな新妻の願いが伝わってくるようである。家族とは別に夫婦だけの寝間が欲しいという庶民の意識の変化の兆しがみえる。納戸という夫婦だけの寝室の萌芽をこの歌から読み取ることができるのである。

土座住まいの伝統

この歌にもあるように、そもそも納戸がつくられるようになったのは、ムシロを上から垂らして家族の寝間と区別したことにはじまったらしい。その場かぎりの仮設の納戸である。そのムシロがやがて常設化され、室内の一隅に漠然と囲まれたスペースができるようになる。そして次にはムシロが建具に変わり、あるいは壁に変わって、完全に独立した寝間ができあがる。納戸の原形である。おそらく古代末期から中世のはじめにかけて、このように独立した納戸をもつ民家が近畿地方を中心に出現しはじめたのではないだろうか。当時の民家が残されていないので成立年代を特定するのはむずかしいが、現存する民家から推測することは可能である。一例をあげよう。滋賀県北部にある湖北地方の民家を調査した鈴木充氏によると、「暗く閉鎖的な空間、土間にワラを敷いただけの床、寝室だけが区切られた室内、これがいまわかる湖北地方の民家の一番古い形である」（「湖北地方の民家」）として、寝室だけを囲った民家がかつて湖北地方に実在したことを明らかにした。そして桃山時代末期から江戸時代初頭にかけて、この地方では一般にみられた民家でもあったという。

しかし地方によると、寝室だけを囲った民家は江戸時代の初頭はおろか、それ以降も実在したようである。越後湯沢の文人として知られる鈴木牧之は、豪雪地帯で有名な信州の秋山を訪れたことがある。そのときに一夜の宿をとったのもこれと同じような民家であった。室内の様子は牧之の目にもずいぶん古風に映ったらしく、『北越雪譜』のなかで次のように記している。

……四間に六間ほどの住居也、主人夫婦は老人にて、長男は廿七八、次に娘三人あり。奥の方に四畳ばかりの一間ありて、へだてには稿筵をたれてあり。たれむしろをする事堂上にもありて古画にもあまた見えたる古風なり……（一〇〇頁）。

奥の方に四畳ほどの一間がある。おそらく納戸（夫婦の寝室）であろう。間仕切りに建具はなく、ワラムシロをた

土座住まい。左は納戸の入り口。旧山田家住宅（日本民家集落博物館）

らしただけで部屋としての独立性はとぼしい。一室に近いたたずまいである。湖北地方の民家よりもさらに古風で、独立した納戸ができる以前の過渡期にある民家といえよう。また昼食の弁当を食べるのに湯をもらいに立ち寄った別の民家では、納戸もないまったくの一室住居であったことが述べられている。

……家内を見れば稿筵のちぎれたるをしきならべ稲麦のできぬ所ゆえにわらにとぼしく、いづれのいへもふるきむしろ也。納戸も戸棚もなし、ただ菅縄にてつくりたる棚あるのみ也（同前、九九頁）。

鈴木牧之が秋山郷を訪れたのは文政一一年（一八二八）というから、いまから一八〇年ほど前のことである。秋山郷はすでに当時から古俗をもって知られた秘境である。家屋は人の手を借りれば素人でもつくれないことはない。だが建具をつくるには高度な技術と道具が必要である。こんな山間僻地にそのような技術をもった職人が来る機会はまずなかっただろうから、ワラムシロをたらして間仕切りとする竪穴住居さながらの民家がまだいとなまれていたのである。

ところで、湖北地方の民家も秋山郷の民家もいずれも土座住まいである。土座住まいは床を張らずに土間の上にじかにワラやムシロを敷いた住まいのことで、湖北地方や秋山郷にかぎらず全国に分布する。

鈴木牧之が秋山郷を訪れた四〇年前の天明八年（一七八八）、古川古松軒は幕府の巡見使に随行して東北から北海道にかけて視察した。そのときの見聞をまとめたのが『東遊雑記』である。そのなかで古松軒は、東北の民家に土座住まいが少なくないことにしばしば注目している。たとえば山形では「百姓家は皆みな土間住居なり、床をあげし家は稀なり」（五〇頁）といい、また鶴岡でも、「すべて在中十軒に八軒までは土間住居なり。貧家にて土間にするにもあらず、国風なり」（六一頁）と述べている。ここでいう土間住居は土座住まいのことで、古松軒が見聞したように、当時の東北地方にあってはまだ土座住まいが多かったようである。その理由は生活が貧しいからではなく、国風すなわち風俗習慣の違いにあるとして、古松軒はうがった見方をしている。それはともかく、土座住まいの伝統はかなり根強いものがあったようで、民家で土座住まいが守られてきた理由は何であろうか。おそらく農作業との関係が考えられるだろう。

屋内に大地を取り込む

一般に農作業は裸足で行われた。田植えをするのも草取りをするのも多くは裸足であった。裸足は足の裏を大地に密着させるから、足の裏を通して大地の感触がじかに伝わってくる。大地からさまざまな情報を受け取りながら、大地とコミュニケーションをはかることができる。また縄をなったり、ムシロを編んだりするのは土間である。土間は家のなかの作業場だが、そこは同時に屋内に取り込まれた大地であり、ここにじかに腰をおろして作業をする。稲や麦は大地の恵みのたまものであり、縄やムシロの材料となるワラにしても同様である。食生活から衣生活、さらには住生活にいたる生活の万般が大地の恵みに負っていたから、豊穣を願う民は自分たちの生活の根拠が大地にあることをつねに感じないわけにはいかなかった。農民たちが大地に自分たちの身体を接触させて、大地を身近に感じながら生活していたのもそのためであろう。大地を屋内に取り込んだ土座住まいは農民の生活のなかから自然に生まれたものであり、したがって農民の住居としてまことにふさわしいといえよう。

豊穣を願う民にとって大地は生活の基盤であったが、また別の見方をすれば、大地は母なるものとして女性原理を象徴する。大地にじかに腰をおろしたり、ワラやムシロを敷いたりしてその上で眠ることは、いわば母なるものに抱かれたような安堵感がある。

ずっと時代をさかのぼって民家の起源とされる竪穴住居になると、その感覚はもっと直截的であった。竪穴住居は大地を一メートルほど掘りくぼめ、その上を草屋根ですっぽりと覆った土間だけの一室住居である。復元された竪穴住居のなかに入ってみるとわかるように、屋内は日中でも暗く、まるで穴蔵のなかにいるようで、どこか母の胎内を思わせる。地面を掘りくぼめることは、大地の懐に入り込むことであり、象徴的には母なるものの内部、すなわち胎内や子宮のなかに入り込むことを意味する。竪穴住居は大地を屋内に取り込みながら、なおかつその懐に抱かれるように築かれていることから、女性原理の上に成り立つ住居ということができる。竪穴住居に胎内や子宮というイメージがつきまとうのもそのためである。

しかし胎内や子宮のイメージからいえば、竪穴住居に先行する旧石器時代の洞窟住居の方がさらに具体的である。洞窟住居は自然の洞窟を住居に流用したもので、人類がいとなんだ最初の住まいといっていい。洞窟は大地にあいた穴であり、まさに胎内や子宮をほうふつさせる。洞窟はもっぱら内部空間として存在するから、洞窟住居をすみかとする人間には、空間を外側から発想する意識がまだ発達していなかったともいえる。いずれにしても、洞窟住居の住人はちょうど子宮のなかにいる胎児のように外界から守られている。胎児にとっても空間は内部しか存在しない。洞窟住居をすみかとする人間は、その意味では胎児と同じような空間意識をもっていたのかもしれない。

旧石器時代の人々が自然の洞窟を住居に選んだのは、端的にいって、それが子宮の内部に似ていたからである。人類は子宮のイメージに最も近い洞窟を最初の住まいに選んだのである。これは考えてみれば不思議なようでもあり、また逆に当然のことのようにも思われる。

人間は住居をいとなむ以前に、まず子宮という空間のなかに住まわされる。子宮の内部は人間が体験する最初の空間であり、この空間体験がその後の人間に決定的な影響をあたえることになる。生命は子宮のなかで誕生し、そこではぐくまれ、一定の期間をへてこの世に産み落とされる。胎児からみれば子宮は外部の脅威から保護された最も安全な場である。もちろん胎児の意識はまだ発達していないから、この最初の空間体験は胎児の無意識にはたらきかけ、そして決定的な影響をあたえる。子宮の内部での空間体験は人間の意識の底に澱《おり》のように沈殿していて、それがときに人間の思考や行動を左右することがある。たとえば胎内回帰願望などはその典型といえるだろう。そして旧石器時代の人々が洞窟を住居に選んだのも、一種の退行現象のあらわれとみられないこともない。むろん退行現象は正常な人間にもあらわれるから、とくに旧石器時代人に精神的な異常がみられたということではない。とりわけその傾向が強くはたらく何らかの原因があったということである。

精神医学的にみると、退行があらわれる原因には極度の不安や恐怖があるといわれる。また精神療法の臨床現場では、神経症の患者は、洞窟、湖、沼などいわゆる子宮をイメージすることばをこのんで口にするそうである（『壺イメージ療法』、三〇二頁）。洞窟はいうまでもなく子宮のイメージに重なるし、湖や沼は周囲を山や森に囲まれた凹地に水をたたえた地形であることから、子宮とそのなかの羊水をイメージしていると思われる。いずれにしても、洞窟・湖・沼は子宮のイメージをあらわすもので、何らかの強迫観念にさらされている神経症の患者の口から女性原理や母性原理にかかわることばが聞かれるのは興味深い。退行現象は極度の不安や恐怖という強迫観念にとらわれたときにあらわれる。すると患者は子宮をイメージすることばを語ることで、それに救いを求めているのだろう。退行現象がみられるとき、私たちは無意識のうちに母なる胎内を想い、そこに帰りたいと思うようである。

旧石器時代の人々はなぜ洞窟を住居に選んだのだろうか。彼らもまた神経症の患者のように不安や恐怖にさらされていたのかもしれない。彼らがいだいた不安や恐怖とは何だろうか。雨、風、嵐、雷、暑さ、寒さ、それに猛獣などの自然の脅威にくわえ、突然襲ってくる原因不明の病気などがあったであろう。彼らはつねに死への不安や恐怖にさらされていた。こういうと、何やら大げさに聞こえるかもしれないが、知識や情報に乏しい彼らからすれば、どれも切実な問題であった。外界の脅威から保護された不安や恐怖のない理想的な場所は子宮の内部である。しかしいったんこの世に生を受けた人間が子宮のなかにもどることはできない。そこで彼らは、そのイメージにいちばん近い洞窟を住まいに選んだのであろう。旧石器時代人は洞窟住居をいとなむことで、彼らなりに胎内回帰を実践していたといえよう。彼らもまた不安や恐怖に対して「母なるもの」に救いを求めたのであろう。旧石器時代人は無意識のうちに洞窟住居に子宮のイメージを投影していたのである。

住まいの原イメージ

住まいに子宮のイメージを投影するのはなにも旧石器時代人にかぎったことではない。山口昌男氏は太田省吾氏との対談のなかで、インドネシアのフロレス島に住むリヨ族の住まいにふれている。それによると、リヨ族の住居は母親の胎内に擬せられていて、入り口は小さく、天井から大きな太い綱がさがり、その下には「へそ」と呼ばれる円盤がついている。年に一度、大きな祭りが行われる。村人は各家から小さな籠に米を入れて持参し、それをへそにつなぐ。そこに七人の主だった家の代表が参加し、まず灯を消して家のなかを真っ暗にしてから、調理したものを直接手の上にのせて食べる。これは生まれる以前の状態にもどったことを意味する。それが終わると、調理したものは後産としてすべて床の上に落とす。床は竹の簀子になっていて、その簀子を開けると下に落ちるようになっている。また調理に使った竹のナイフは、実際にお産のときに使ったものだといわれている。それが終わると、ふたたび灯をつけて、世の中に蘇ってきたと歌う。「家そのものが母胎の拡大したもの」と考えられていて、灯を消してそのなかにこもることで胎内回帰を実践しているのだという（「〈生きられる身体〉へ」）。

山口氏によれば、リヨ族は住まいを母胎そのものと考えているようである。天井からさがった太い綱はへその緒で、家のなかが子宮の内部に擬せられている。へその緒といえば、日本の古い産屋にも力綱といって、天井から綱がさがっていた。妊婦はその力綱にすがってお産をするわけだが、この場合の力綱にもへその緒という象徴的な意味があったのだろう。つまり産屋そのものが一種の母胎とみなされ、妊婦は疑似母胎のなかにこもりながらお産をするのである。産屋については次章であらためて取り上げることにしたい。

ともかく、住まいに母胎や子宮のイメージを投影するのはリヨ族にかぎらず多くの民族にみられることで、私たち現代人でさえ例外ではない。現代人もまた大なり小なり住まいに母胎や子宮のイメージを重ね合わせているのである。現代人にとって、住まいは雨露をしのぐばかりか、社会的な人間関係やストレスからも保護されたシェルターでなければならないし、また同時に安全で安らぎに満ちた空間でもなければならない。これらの条件を満たしてくれるのが子宮であり、そのイメージを私たちは無意識のうちに住まいに重ね合わせているのである。住まいを「第二の子宮」とか「外部の子宮」と呼ぶゆえんである。

ここで私は、谷川俊太郎氏の洞察に満ちた詩を思い出さずにはいられない。谷川氏は子宮を最初の家といい、大地を最後の家という。少し長くなるが、詩の味わいをそこねないためにも全文を引いておきたい。

初めに子宮という家があった、
最後に大地という家がある、
その中間でヒトはみな家なき子、
おのがじし伸び縮みする不可視の空間を
からだのまわりに漂わせて生きている。

実体として物質化される住居が、
その不可視の空間の実現をめざすものだとしたら、
それがヒトに安心と同時に不安をもたらすとしても、
不思議ではない。（『住む』、二七〇頁）

私たちは実際に家に住んでいるわけだが、それは本当の家ではないという。いわば仮の住まいである。私たちは家に住んでいながら、実は家から疎外されているのである。谷川氏は、その状態を「家なき子」と呼んでいる。子宮という最初の家に対する思いと、大地という最後の家に入ることへの恐怖のあいだに私たちは引き裂かれている。死への不安が強いほど、逆に子宮へ帰りたいという思いはいっそう強くなるのだろう。また最初の家を失った人間が、その家にあこがれるのも自然の感情といっていい。いわば子宮コンプレックスは私たち人間がひとしなみに持ち合わせている感情であって、それが私たちを住まいづくりへと駆り立てる大きな原動力になっているらしい。谷川氏の詩を通して、人間と住まいの根源的な関係というものが浮かび上がってくる。子宮への思慕、胎内回帰願望が、どうやら人間の住まいづくりの原点といえそうである。

人間はなぜ家を建てるのだろうか。失われた最初の家を取り戻すためである。少なくとも深層意識的にはそういえるのではないだろうか。だから人間の住まいづくりとは、原初の時間に回帰する神話的ないとなみにも似た行為なのである。

深層的にいえば、住まいは人間の子宮コンプレックスの産物ということができる。とくに旧石器時代の洞窟住居と縄文時代の竪穴住居には子宮のイメージが色濃く反映されていた。竪穴住居に起源をもつ中世の民家や、さらにそれを発展させた近世の民家についてはどうだろうか。竪穴住居は間仕切りのない一室住居であった。そして生活が機能的に分化するにつれて最初にできたのが納戸、つまり夫婦の寝室であった。ついでダイドコ、デイ、座敷などがつけくわえられて近世の民家に発展するわけだが、一方で土間が残されてきたのは興味深い。今和次郎氏の指摘をまつまでもなく、民家の土間が竪穴住居時代の名残であることは明らかで、住まいが女性原理の上に築かれていた時代の伝統がそこには息づいている。それだけではない。実は最初の独立した部屋である納戸にも、竪穴住居時代の名残がみられるのではないだろうか。

納戸は三方が壁で囲まれ、わずかに一方に出入り口をとるだけの穴蔵のような空間である。空間の構成からいえば、それは竪穴住居をそっくりそのまま縮小したようなかたちであり、竪穴住居が一室住居であった時代の伝統がそのまま反映されているように思われる。竪穴住居の内部に納戸ができたとき、それは竪穴住居のなかにもう一つの小さな竪穴住居ができたのである。竪穴住居と納戸の関係は、いわば入れ子構造であって、竪穴住居と同じように納戸空間にも子宮のイメージが投影されているのである。納戸に窓がないのは、採光の必要がなかったというよりも、そこがもともと子宮をイメージし、疑似母胎としてつくられていたからではないだろうか。

死と再生の空間

この問題を別の角度から検討してみることにしよう。民俗学の知見によれば、納戸は夫婦の寝室にとどまらず、さまざまな行事や儀礼がおこなわれる空間でもあった。とくにそこが納戸神を祀る祭場であったという事実は、納戸空間の象徴性を考える上ですこぶる示唆に富んでいる。

そもそも納戸神とは年神、田の神のことで、家の神の古い姿をとどめているとされる。夫婦の寝室になぜ家の神が祀られるのだろうか。この問題に最初に注目したのは石塚尊俊氏である。石塚氏は「納戸神をめぐる問題」「納戸神に始まって」ほかさまざまな論考を発表して納戸神の実態を明らかにした。石塚氏が提起した問題は多岐にわたるが、要約するとおおよそ次のようになる。

納戸神は中国地方を中心に東は兵庫県から西は長崎県にかけて信仰され、いずれもふだんは夫婦の寝室である納戸に祀られている。祀るといっても棚を一枚吊っただけで、せいぜい月に三回（一日、一五日、二八日）、ご飯を供える程度である。ところが正月になると、納戸はいつになく立派な飾りつけをする。棚の前に俵を二つ並べてムシロをかけ、その上に餅やご飯などを供える。一般に正月の飾りつけといえば、座敷の床の間や神棚が中心になるけれども、ここでは注連飾りもいちばん大きなものを納戸に飾る。そして納戸に祀られる神はトシトコサンと呼ばれ、年神のことだとされる。しかし年神と呼ばれるのはこの時期に盛大に祀ることからくるもので、本来は晩秋から初冬にかけて早春の種おろしのころまで納戸で祀るのが古い形式であった。春になれば田へくだり、秋になれば田からあがってきて納戸に納まる神、つまり田の神であり穀霊のことであった。

　納戸神は田の神であり、穀霊であるというのが石塚氏の説である。では、なぜ晩秋から初冬にかけて、それも暗い納戸に穀霊を祀るのであろうか。石塚氏によれば、晩秋から初冬というのは穀霊が最も消耗する時期であり、その消耗した霊力を復活させるために暗い納戸に籠居《ろうきょ》させるのだという。衰弱した穀霊をあらたに蘇生させるために納戸という暗い空間にこもらせるのである。

　霊力を活性化させるためには、納戸のような密室空間のなかにこもっていなければならない。それは穀霊にとっては一時的な「死」を意味する。生命があらたに誕生するには、いったん死の状態におかれるのである。しかし死といっても「無」になることではない。魂がそのふるさとともいうべき他界に帰郷して、一時的に死の状態におかれるということである。衰弱した霊力をふたたび活性化させるには、魂を死の世界にいったん帰してエネルギーを充電させる必要がある。あの世に帰った魂は新しいエネルギーを帯びてふたたびこの世にもどってくる。これが再生である。穀霊を納戸にこもらせるのは再生させるためなのである。穀霊は蘇生するために暗い納戸でじっとそのときを待っている。古い穀霊の死と、新しい穀霊の誕生という死と再生の場として納戸が考えられているのである。

　折口信夫がいったように、ものが誕生するにはカヒのような密閉された空間のなかにある期間こもっていなければならない（「霊魂の話」）。たとえば、おとぎ話でおなじみの桃太郎が川を流れ下ってくるときにこもっていたのは桃の実というカヒの空間のなかであった。かぐや姫の場合は竹の節の間に、天孫ホノニニギが天下ってくるときにくるまれていたのは真床覆衾《まとこおふすま》であった。竹の節の間も真床覆衾も一種のカヒとみることができる。桃太郎、かぐや姫、天孫ホノニニギはいずれもあの世のものであり、あの世のものがこの世に再生するには、カヒのような密閉された容器のなかに一時こもって生命が充実するのを待たなければならなかった。

カヒは卵の古いことばで、貝（かい）と語源的には同根とされる。もなかの皮のように中身を包むものがカヒである。折口はまた別のところで、「かひのなかに籠っているものがかひこで、かひは母胎、即、容れ物で、その中から出てくるのがかひこです」といい、カヒが母胎であり、容れ物であることを明らかにする（「石に出で入るもの」）。カヒから出てくるものをカヒコとすれば、その代表は蚕（かいこ）であろう。蚕がこもるカヒは繭であって、そのなかで蚕はサナギになり、さらに蛾へと変容する。蚕の変容は死と再生の繰り返しであるから、カヒは死と再生のエネルギーを封じ込めた容器、つまりは母胎そのものである。

折口がいうように、カヒは母胎であり、容れ物である。しかしカヒの意味はそれだけにとどまらないようで、古代では峡（峽）もまたカヒと訓じられたことが『和名抄』にみえる。「峡　山間陜き處なり（中略）俗に云ふ、山乃加比」。また『名義抄』にも、「峡セハシ、山ノカヒ、ホラ」とある。峡《かひ》は「狭」や「挟」とも同根語で、両側に山がせまり、凹地になったところ、いわゆる峡谷を指していう。峡は山あいにできた「くぼみ」であることから「山のかひ」と呼ばれたのである。また谷と峡との合成語「たにかい」が示すように、谷も峡とよく似たことばである。谷と峡は原義こそ異なるようだが、どちらもV字の地形をあらわす語であることから、大和岩雄氏は「女陰のイメージ」とみる（『十字架と渦巻』、三三七頁）。鉄井慶紀氏も「谷字は女性性器の象形と看做されよう」（『中国神話の文化人類学的研究』、一八六頁）と述べるなど、峡と谷は女陰の象徴とみてまちがいない。一方、カヒと同根語の貝がやはり女性性器の隠語であることを考え合わせると、カヒは母胎＝貝＝峡＝女陰というように、母胎や子宮を共通分母とするイメージでひとつにくくることができる。要するにカヒは女性の元型的イメージをあらわしているのである。

疑似母胎としての納戸空間

性急な結論は慎むべきだが、納戸の密室空間を考えると、これもどうやらカヒとしてつくられたのではないかと思えてくる。これについては納戸にまつわる儀礼や習俗をみていくことで、その一端をうかがうことができそうである。

大藤ゆき氏の報告によると、神奈川県の三浦半島では納戸のことを「子産み場」と呼んでいるそうである（「女の子とナンド」）。納戸は夫婦の寝室というよりも、ずばり子を産むための部屋だという。これは納戸の実態を素直にいいあらわしているように思われる。また宮崎県西諸県郡あたりでは家の奥納戸のことをコノミヤジョウと呼び、正月一四日に、メノモチといって丸餅や切餅を榎の枝に刺して、納戸に飾るならわしがあった（『綜合日本民俗語彙』第二巻、五七九—五八〇頁）。コノミヤジョウのメノモチをたくさん刺すほど子供が多くさずかるといわれるように、これが多産を祈願する祭りであることは明らかである。しかも納戸が祭りの舞台とされている点を考えれば、納戸のことを「子産み場」と呼ぶ三浦半島の事例とも符合する。要するに納戸は生殖や多産にかかわる空間、ありていにいえば、子供をつくるための部屋なのである。ちなみに市後崎長昭氏の説明では、コノミヤジョウのコノミヤは「子の宮」、ジョウは敬称の「様」にあたることばで、コノミヤジョウは「子の宮様」のことだとされる（「屋内に祀る田の神」）。

南九州のコノミヤジョウについては小野重朗氏も言及している。それによると、蚕を昔は「コ」と発音したことから、「子の宮」は古くは「蚕《こ》の宮」であったのではないかという。南九州一帯で養蚕が盛んであったころ、養蚕に使う部屋には蚕神が祀ってあった。その蚕神のことを「蚕の宮」と呼んでいたのが養蚕の衰退とともに伝承も移り変わり、いつしか「子の宮」と解するようになったのであろうという（『民俗神の系譜』、二四八頁）。蚕神は蚕の守護神であるから、蚕の豊作と人間の多産とが容易に結びつき、また納戸は産室でもあったことから、子供の宮という意味で「子の宮」と呼ばれるようになったというわけだ。

小野氏の説におそらく間違いはないと思う。しかしかりに「蚕《こ》の宮」が「子《こ》の宮」であったとしても、納戸が子宮に擬せられていたことに変わりはないと私は考える。

まずメノモチだが、これは別名マユダマともいわれるように、榎の枝に刺した餅は元来、繭をかたどったもので、蚕神のご神体であったと考えられる。蚕神の神体は繭そのものであった。逆にいえば、繭を神格化したのが蚕神であろう。したがって「蚕の宮」はもともと蚕神ではなく、繭そのものを指してそう呼んだのではないだろうか。蚕がこもる宮という意味で「蚕《こ》の宮」と呼ばれたのであろう。そして蚕は宮（繭）のなかにこもっていると、じきにサナギになり、最後は蛾となってそこから出てくる。同じように人の子の魂も子宮のなかにこもることで人間として誕生する。もしかしたら蚕は魂の化身と考えられていたのかもしれない。繭も子宮もこもるための容器であり、つまりはカヒである。同様に夫婦の寝室である納戸もまた「こもるための容器」と考えられていたのではないだろうか。蚕が繭のなかにこもることで魂の充実するのをじっと待っているように、人もまた納戸のなかにこもることで子の魂の充実と成長を願う。納戸は蚕の繭と同じようにこもるための容器であり、カヒであった。

このようにみてくると、「蚕の宮」が「子の宮」に変わったのは、蚕《こ》と子《こ》の発音がたんに同じだからというよりも、蚕がこもる繭も人の子がこもる子宮も同じカヒのイメージで考えられていたからだといえよう。そして納戸もまた繭や子宮と同じくカヒであったから、納戸のことを「子の宮」と呼んだのであろう。納戸が窓のない密閉された空間であるのは、それが繭や子宮と同じくカヒであったからだ。古代的な発想に引き寄せていえば、魂をこもらせる空間ということである。繭や子宮のように閉じられたかたちをしたものには魂が宿ると考えられたから、納戸はカヒとして、また疑似母胎として子宮に似せてつくられたのだろう。人の子の魂は母の胎内にこもり、その母は納戸という疑似母胎に夜ごとこもることで、子の魂の充実と成長を願ったのである。

沖縄には「シラ」ということばがある。穂のついたままの新穂を野積みにしたものをいうのだけれども、一方では、人間の産室をも「シラ」と呼んでいる。これは谷川健一氏がいうように、人間と同じように稲もお産をすると考えていた消息を示すものであろう。稲の穂の孕みころになると、大声を立てないように足をしのばせて歩く。これは妊婦が産室に入るとき大声を立てないのと同じだと谷川氏は述べている（『民俗の神』、一〇二頁）。この沖縄の例は、納戸に穀霊を祀り、その死と再生を願う人々の気持ちと同質のものである。本土では納戸は産室でもあるから、納戸を子宮とみなす観念にあやかり、そこに穀霊をこもらせたのであろう。納戸という疑似母胎のなかで、人間の誕生と穀霊の再生が同じ次元で考えられていたのである。

前にもいったように、穀霊を納戸に祀るのは、衰弱した穀霊を暗い空間にこもらせて蘇生させるためである。カヒのような密室空間のなかで、穀霊は再生するのをじっと待っている。納戸が古い穀霊の死と、新しい穀霊の誕生の場と考えられているのである。そのさい、他界からやってくる新しい魂はどのようにして納戸に入り込むのだろうか。納戸は三方が壁で閉じられているため、板戸を締め切るとなかは真っ暗である。しかし厳密にいえば、納戸は密室空間ではなく、入口の板戸に小さな鉤穴《かぎ》があり、この鉤穴を通して外界とつながっている。この鉤穴にどうやら秘密があるらしい。納戸の鉤穴に注目してみることにしよう。

鉤穴と穴の呪力

納戸の板戸は内側から自動的に枢《くるる》が落ちて施錠される仕掛けになっていて、鉤穴は枢を外側から引き上げるための穴である。室町時代に完成した絵巻「慕帰絵詞」第八巻には納戸を内側から描いた場面がある。入口の板戸は近世の民家にみられるものよりもずっと小さく、ちょうど茶室のにじり口ほどの大きさで、腰をかがめて出入りするようになっている。板戸の下の方に枢があって、その脇に鉤穴が見える。この鉤穴に外側から鉤を差し込んで枢を引き上げるのである。納戸は夫婦の寝室だが、同時にそこには大切な家財道具も置かれていた。納戸が内側から施錠できるようになっているのは、盗難予防という実用的な理由も考えられる。しかし納戸の特徴である閉鎖的な空間、それに板戸を締め切ると鉤穴が納戸と外部をつなぐ唯一の穴であることなどを考え合わせると、そこには象徴的な意味が隠さ

「慕帰絵詞」に描かれた納戸の内側。板戸の下の方に枢と鉤穴が見える。
（『続日本絵巻物集成』第五巻、雄山閣より）

れているように思われる。

穴ひとつあるところには神霊が依りつくといわれるように、戸の鉤穴にも神聖な意味があったらしい。たとえば有名な三輪山伝説でも、戸の鉤穴が神の通い路として語られているのは興味深い。この伝説は夜ごと娘のもとに通ってくる男が、実は大物主神であったという話である。娘の両親は男の素性を知るために、男の着物の裾に麻糸を刺しておく。翌朝、麻糸のあとをたどっていくと、戸の鉤穴から通り抜けて、三輪山の神の社のところで止まっていた。そのことから、男の正体が大物主神であることを知る。戸の鉤穴には呪力がこもっているから、神はその穴を通って、この世とあの世を往来するのである。穴は異界へ通じる境界であった。神は境界を通過することで、この世のものからあの世のものに、逆にあの世のものからこの世ののに姿を変えることができるのである。

大物主神が蛇身であることは、『古事記』が語る丹塗矢伝説でも明らかである。よく知られているように、これは丹塗矢に変身した大物主神が川を流れ下って、厠で用を足していたセヤダタラヒメのホトを突く話である。大物主神は蛇神であり、丹塗矢はその象徴である。丹塗矢は蛇の象徴であると同時に男根のシンボルでもあり、大物主神が丹塗矢と化して川を流れ下るのは、この神が蛇身であることを物語っている。三輪山伝説では大物主神は戸の鉤穴を通って外に出ていった。西郷信綱氏によれば、「『戸の鉤穴』から外に出ていったというのは、このものがやはり蛇神であるのを暗示する」という（『古事記注釈』第三巻、一九二頁）。また栗田勇氏も『神やどる大和』のなかで三輪山の神にふれ、大物主神は蛇神であり、「蛇は、世界の古代信仰でさまざまな力の象徴として姿をあらわす。印度でも、性的エネルギーのシンボルであり、あるいは男性性器の象徴ともなる」と述べている（二四〇頁）。蛇が男根の象徴だとすると、戸の鉤穴は女陰の象徴であろう。それはまたこの世とあの世の境界でもあり、境界には呪力や霊力がこもっているから、蛇身の神は境界を通過することで男に変身することができる。いずれにしても男の正体は蛇身であり、神や霊魂など霊的なものは小さな穴から出入りすると信じられていたようである。

このようにみてくると、納戸の鉤穴にもたんなる実用的な機能のほかに象徴的な意味が隠されているのではないかと思えてくる。すでに述べたように、納戸に納戸神の神体である穀霊を祀るのは、衰弱した穀霊を再生させるためである。穀霊が納戸のなかにこもっている間、古い魂はいったん他界に帰り、あらたなエネルギーを帯びてふたたびこの世にもどってくるわけだが、他界からやってくる新しい魂は小さな鉤穴を通って納戸のなかに入り込み、そして穀霊に付着すると考えられたのではないだろうか。密室空間の納戸にあって、唯一、外界に通じているのが鉤穴であり、この小さな鉤穴が霊魂の通り道になっていると思われる。納戸の鉤穴は異界とこの世を結ぶ回路であり、霊魂の通い路とみていいだろう。

穀霊が小さな神であったことは日本の神話が明らかにしている。日本の神話に登場する穀霊はスクナビコナ（少名毘古那）と呼ばれる神である。その名のごとく、『古事記』には「此は実《まこと》に我が子なり。子の中に我が手俣《たなまた》よりくきし子なり」とあり、御祖命《みおやのみこと》であるカミムスヒの指の間から落ちたといわれるほど小さな神である。スクナビコナは稲種や粟をもたらす穀霊とされる。粟粒や稲粒を手ですくえば指の間からこぼれるから、『古事記』の話にはそうしたイメージが反映されているのではないだろうか。また『日本書紀』巻第一（一書《あるふみ》第六）には、スクナビコナは「粟茎《あはがら》に縁《のぼ》りしかば、弾《はじ》かれ渡りまして常世に至りましきといふ」とあり、粟茎によじ登り、弾かれて常世国に行かれたともいう。スクナビコナは御祖命の指の間からこぼれたり、粟茎に弾かれたりするなど、稲粒や粟粒を連想させることから、稲種や粟種を神格化した神ではないかと思われる。いずれにしても、稲種や粟種をもたらす穀霊は稲粒や粟粒のように小さな神であり、そう考えると、納戸の鉤穴は穀霊という小さな神の通い路としてもふさわしいといえる。

ちなみに鉤穴は神霊にかぎらず物の怪の通り道でもあった。『今昔物語集』巻第二七には、油壺に化けた物の怪が閉じられた門の扉の鉤穴から家の中に入り、若い娘をとり殺した話がのっている。神霊だけでなく物の怪や妖怪なども鉤穴を通り道にしているのである。

納戸と女性の領分

納戸の鉤穴といえば、結婚式に行われる「ナンドユズリ」という民俗儀礼との関連も考えられる。これは若夫婦に納戸をあけわたす儀礼だが、そのさい姑から嫁に納戸の鉤が渡されることもあった。これは「シャモジ渡し」と同じく、主婦権の委譲を象徴するものといわれている。しかし鉤は鉤穴とセットになってはじめて意味をもつから、ここで鉤穴に注目すれば、また別の視点が浮かび上がってくる。鉤穴の呪力を管理する者としての主婦の存在である。納戸は夫婦の寝室とはいえ、実際に部屋を管理するのは女性であり、納戸は女性の領分であった。納戸は疑似母胎としてつくられた空間である。子宮の入り口に穴があるように、納戸の入り口にも小さな鉤穴があった。納戸と女性との強い結びつきを考えれば、納戸の鉤穴が何を象徴するかはおのずから明らかであろう。おそらく女性のシンボルとみられていたのではないだろうか。鉤穴に女性の元型的イメージをみるのである。そして姑から嫁へと納戸の鉤が渡される儀礼には、穴の呪力、穴の霊力の管理者の交替という意味が隠されていたのではないだろうか。私はひそかにそう考えている。

　納戸はもともと疑似母胎としてつくられていたために、死と再生の空間とみなされた。納戸が死と再生の空間であることは昔話や説話の世界にもみることができる。たとえば昔話「大歳の客」では、納戸がものを生み出す空間、死と再生の舞台になっている。納戸に置かれた死体が一晩のうちに黄金に変わるのである。大歳の晩、火種を消してしまった女房がいた。困った女房は乞食のような見知らぬ爺さんから死体とひきかえに火を貸してもらう。死体をあずかったものの、その処置に困った女房は、主人に見つからないように納戸にそっと死体を隠す。翌朝、おそるおそる納戸に入ってみると、死体は黄金に変わっていた。

　死体は文字通り死のシンボルであり、黄金は生のシンボルである。この話からもわかるように、納戸は死が生に転換する場と考えられていた。物語の展開のうえで納戸が死体の隠し場所に選ばれたのはほかでもない、そこが死と再生の空間と考えられていたからである。しかし死体を納戸に隠せばいつでも黄金に変化するとはかぎらない。もうひとつの条件がある。大歳の晩である。大歳の晩は新旧の年が改まるときで、この世とあの世が接する境界的な時間であるため強力な霊力が作用する。納戸もまたこの世とあの世の境界的な空間であることから、大歳の晩とあいまって、そこに強力な霊力がはたらいて死体が黄金に転換することができたのである。納戸という境界的な空間、そして大歳の晩という境界的な時間の二つの条件が重なってはじめて死と再生が成就するのである。

　いずれにしても、この物語は死体を納戸に隠すことで、それが黄金に変わり、家が栄えるという話である。話のモチーフは死と再生であり、そのための重要な舞台として納戸が選ばれたのである。

　女房が納戸に死体を隠したのは、考えようによっては、そこが女性の領分であったからだといえる。自分の管理する部屋であればこそ、だれにも気がねをせずに死体を隠すことができたのである。納戸が女性の領分であり、女性の管理下にあったことは保立道久氏が明らかにしている（『中世の愛と従属』、二三四―五頁）。保立氏はまず中世の絵巻「石山寺縁起」巻五や「松崎天神縁起」巻五に注目する。女あるじが納戸の前にすわり、脇息に肘をついて下男下女

納戸を背にした女あるじ。「松崎天神縁起」巻五
(『日本絵巻物集成』第七巻、雄山閣より。山口県防府天満宮蔵)

にあれこれ指示をする姿である。そして納戸は夫婦の寝室にとどまらず大切な家財道具や財宝を保管する部屋でもあったから、女あるじが納戸を背にしてすわっている姿は納戸の管理者にふさわしいと指摘する。

これはたしかに中世的な主婦像である。財政的に納戸を管理するという意味での家政的な主婦像といってもいい。だが本来からいえば、家庭の主婦は納戸に祀られる神の司祭者でもあったはずで、これが古代的な意味での主婦像である。さきの「大歳の客」の昔話では、納戸に置かれた死体が黄金に変わったが、これは納戸という空間もさることながら、女房の仲介が重要な意味をもっている。というのも、死と再生に関与する女房の姿には神の司祭者の面影がちらついているからだ。死体を女房にあずけた乞食のような爺さんとはいったい何者だろうか。実は乞食に身をやつした年神であった。この昔話のタイトルにもある大歳の客とは、要するに年神のことで、すると女房は神につかえる司祭者の役回りをそれとは知らずに演じていたことになる。乞食のような爺さんと女房の関係を、年神とそれにつかえる司祭者の関係に置き換えてみると、この昔話のモチーフがより鮮明にあぶり出される。女房は年神から死体をあずかり納戸に隠すと、それが黄金に変わる。女房は神につかえる司祭者として、また死と再生に関与する存在としてこの物語に登場するのである。

女の霊力

しかしこれは昔話の世界にかぎった話ではなく、実際に主婦は家刀自として家の神につかえる司祭者でもあった。家の神を祀る納戸にしばしば出入りしては、そこでさまざまな儀礼や祭りごとを行っていたはずである。たとえば結婚式で行われる嫁の「納戸入り」という儀礼には、かすかにその名残がみられるようである。これは一種の入家式だが、たとえば野村敬子氏の論考「納戸の祝福伝承」を参考にすると、嫁の納戸入りには、婚家と生家の水を一つの盃に合わせて飲むミズアワセ、それに土間、イロリ、台所を通って納戸のなかに入る納戸入り、衣裳をあらためて行う先祖供養、そしてふたたび納戸に入るまでが主な内容で、とくに石川県の『七塚町史』には、納戸にふたたび入った嫁は一晩中そこにこもり続けるものであったことが記されているという。とりわけ興味深いのは嫁が納戸に一晩中こもることで、これは納戸入りの古い形式をとどめているように思われる。岡山県の蒜山《ひるぜん》地方に伝わる昔話「狐の嫁入り」にも、花嫁に化けた白狐《びゃっこ》が納戸入りをする場面がある。この地方で実際に行われていた納戸入りの儀礼が物語に反映されているのだろう。

『七塚町史』にあるように、納戸に一晩中こもるというのは、一見、納戸の神との聖婚儀礼のようにみえるが、おそらくそうではあるまい。石塚尊俊氏によれば納戸の神は「女の神さん」であり、女性の神と嫁との聖婚儀礼という図式はどう考えても成り立ちにくいからだ。そうではなく、納戸に一晩中こもるのは、婚家に代々伝わる女の霊力を身につけるためではないだろうか。

婚礼の日、嫁が生家を出るとき、その跡を箒で掃き出したり、門口で茶碗をたたき割ったり、葬式の出棺に似た儀礼を行う地方も少なくない。これは娘を送り出す儀礼にしてはいささか大げさすぎることから、この一連の儀礼には「生家の女の死」という象徴的な意味がこめられているようである。そして婚家で行われる納戸入りは、「生家の女」であること否定された娘があらためて「婚家の嫁」に転身する儀礼と位置づけることができる。婚家の家の神の司祭者としての資格を得る儀礼である。納戸に一晩中こもることで「生家の女」の死と、「婚家の嫁」としての再生がはたされ、新しい霊力を身につけることが可能になる。納戸という死と再生の空間のなかで、女性の霊力が再生産されるのである。納戸と女性の霊力との関係については、柳田国男の『妹の力』に印象的な一節があるので引いておきたい。

通例将に霊の力を現はさんとする女は、四五日も前から食事が少なくなる。眼の光が鋭くなる。何かと言ふと、納戸に入って、出て来ぬ時間が多くなり、それからぽつぽつと妙な事を言ひ出すのである（『定本柳田國男集』第九巻、一八頁）。

ここには、かつて女性が家の神の司祭者であった遠い時代の痕跡が認められる。納戸が女性の霊力を再生産する場と考えられているのは、さきの納戸入りの儀礼と同様である。また、すでにみたように、若夫婦に納戸を明け渡すナンドユズリはシャモジ渡しと同じく主婦権の委譲を象徴する儀礼といわれているが、元来は女性の霊力を管理する者の交代という隠れた意味があった。納戸が女性の霊力にかかわる部屋であり、家の神の司祭者である主婦との強い絆を示す一例である。

これに関連した興味深い民俗儀礼がある。大藤ゆき氏によると、神奈川県鎌倉市今泉では初宮参りの帰りに「男の子は臼に入れ、女の子はナンドにちょっと入れて寝かす」という風習が昭和のはじめころまで行われていたという（「女の子とナンド」）。大藤氏も説明するように、宮参りをすませた段階で、あらたにウブ（魂）をこめるのがこの儀礼の目的であろう。魂の更新である。臼や納戸が選ばれるのは、いずれも魂がこもりやすいかたちをしているからで、要するに臼や納戸に母胎や子宮のイメージをみているのである。とくに女の子の場合が納戸というのは、女性の霊力を再生産する場という観点からいっても興味深い。納戸が女性の領分であり、女性の象徴空間であることが、この儀礼にも反映されているのである。

納戸と女性のあいだには因縁浅からぬ関係がある。少ない事例ながら民俗儀礼を例にあげながらみてきた。納戸で行われる習俗に共通しているのは死と再生の象徴的な意味である。納戸に穀霊をこもらせるのは、古い穀霊の死と、新しい穀霊の誕生を願っている。また「納戸入り」の儀礼で嫁が一晩中納戸にこもるのは、生家の女から婚家の嫁への転身という象徴的な意味がこめられている。同時にそれは婚家の家の神の司祭者として、代々家に伝わる女性の霊力を身につける儀礼でもあった。初宮参りの帰りに女の子を納戸に寝かせるのは、不安定な魂をより安定した魂に更新させるという意味があった。このように、納戸はたんなる夫婦の寝室にとどまらず、魂を更新したり、女性の霊力を再生産したり、要するに死と再生のための空間と考えられていたのである。

折口信夫がいったように、死と再生にはカヒのような密閉された容器のなかにこもる必要があった。納戸は窓のない密室空間であり、もっぱら「こもる」ためにつくられた部屋といっていい。蚕が繭のなかにこもるように、人の子が子宮のなかにこもるように、女性は子宮に見立てた空間のなかにこもることで、みずからも胎内に子種を宿すことができると信じられた。その意味では、納戸は生殖機能をつかさどる空間であり、死と再生のエネルギーを封じ込めた容器、つまりは母胎そのものということができる。

第三章　出産の作法

出産と大地

突然、せきを切ったように赤子の元気な産声が家のなかに響きわたる。これは一昔前なら、どの家庭でもみられたお産の風景である。しかし家庭でお産をするといっても、産室はあらかじめ決まっていて、どの部屋でもいいというものではなかった。いちばん多いのは納戸で、地方によってはニワと呼ばれる土間が産室にあてられることもあった。さらに時代をさかのぼると、母屋とは別に産屋を設けて、そこでお産をする風習もみられた。むしろこの方が産室の歴史は長いのである。

古い産室は床を張らない土間形式であったようで、ニワにしろ産屋にしろ、産婦は大地にワラやムシロを敷いて産褥をつくり、その上でお産をした。大地と触れ合うようにしてお産をするのが、どうやら出産の原風景であったらしい。大地に触れるのは、大地にひそむ神や精霊と交流するためであり、そのようないわば「忌みごもり」の作法がのちの出産儀礼に発展したものと思われる。出産にまつわる儀礼や習俗を通して、出産と大地とのかかわりについて考えてみることにしよう。

『日本産育習俗資料集成』と『日本民俗地図』はお産の習俗を知るうえで欠かせない資料である。これらを参考にすると、産室に使われる部屋は納戸が圧倒的に多い。前章でみたように、納戸は夫婦の寝室であり、さらにいえば子供をもうけるための部屋でもあるから、そこが産室に使われるのもうなずける。

一方、納戸とならんでニワと呼ばれる土間に臨時の産室をつくり、そこでお産をしたという地方も少なくない。歴史的にはむしろこちらの方が古く、瀬川清子氏の『女の民俗誌』によれば、京都府与謝郡筒川村では、産気づくと奥ニワの土間に仮設の産室がつくられる。上からムシロをたらし、なかに藁を敷き、ムシロブトンを重ね、藁束にもたれて産んだという（七一頁）。土間でお産をする場合は、地面に藁やムシロを敷いて産褥をつくり、その上でお産をしたらしい。藁やムシロを重ねるとはいえ、大地とじかに触れ合うようにしてお産をする点に注目したい。納戸が産室にあてられる以前は、土間でお産をする時代があったのである。

産室が土間から納戸に変わったことを示す事例をもうひとつ紹介しよう。神奈川県三浦市あたりでは、昔はニワの土間にムシロを敷いてお産をしていたが、のちに納戸でするようになった。嫁に行った娘が出産のために里帰りをしてヘヤで産もうとしたが生まれないので、裏庭にムシロを敷いて産んだこともあったという（『日本の民俗・神奈川』、一九五頁）。裏庭は土間のことで、これは昔の作法にならったというだけでなく、お産は大地に触れながらするものだという根強い信仰がその背景にあるとみていいだろう。

瀬川清子氏が九州の五島の久賀島で採集した話も興味深い。それによると、出産は納戸でする。しかし納戸といっても、ふだんは穀物を入れておく物置のようなもので、ここにゴザブトンを敷き、その上にすわり力綱にすがって出産する。そして注目すべきは、納戸に入る前に、いちど土間にムシロを敷いてすわらせるという（同前、七一頁）。土間にムシロを敷いてすわるのは土間でお産をしていた時代の名残であろう。昔はすわった姿勢でお産をするいわゆる座産が一般的であったから、土間にすわるのは座産を象徴する姿勢とみることができる。土間に産褥を設けること、それに座産は一対になった出産の作法であり、両者は切っても切れない関係にある。このことはあとで詳しくふれるとして、お産の実態をもう少しみていくことにしよう。

納戸や寝間が畳敷きの場合は、わざわざ畳をあげて産褥を設けることもあった。『日本産育習俗資料集成』からいくつか例を拾ってみると、「畳を除きわらなどを厚く敷いてその上に産褥を作る」（群馬県吾妻郡伊参村）、「産室は畳をあげてわらを敷く風であったが、今はこの風は衰えた」（鳥取県岩美郡成器村）、「産室は二、三年前までは納戸の畳をあげて、そこへわらを敷いて産をする風があった」（和歌山県）という。鳥越憲三郎氏の「志摩の海女民俗誌」にも、産室にあてられた寝間の畳をとりのぞき、その上に産褥を設ける例が報告されている。前章でもふれたように、日本の民家では床を張らずに土間の上にワラやムシロを敷いて生活する土座住まいが長年にわたって行われてきた。床を張るようになっても、畳を敷くのは近代以降のことで、その意味では、日本人の身体には土座住まいの作法が身についていたということができる。とくに出産という生理にかかわるいとなみにはその傾向が強くあらわれるはずである。したがって畳をわざわざ上げてお産をするのは、出産の汚血で畳を汚さないためというよりも、床の上で生活するようになっても、出産だけは大地の上でするものだという、いわば本能的ともいえる大地への執着が感じられる。もっとも、畳をあげても下地板があるから大地に直接触れるわけではない。しかし畳をとりのぞくことは少しでも大地に接近したいという気持ちのあらわれであって、それはほとんど大地を回復する行為に等しかった。そこに出産と大地との根強い関係をみることができるように思う。

海辺の産屋

納戸でお産をする以前は、土間の片隅をムシロなどで囲って臨時の産室を設けた。さらに時代をさかのぼると、家のなかではなく戸外に産屋を建て、そこでお産をする時代があった。むしろこの方が産室としては長い歴史をもっている。瀬川清子氏の前掲書によれば、京都府の新井では、戸口わきの庇の下の土間にムシロをたらして産屋をつくることがあったという（七〇―一頁）。これは戸外に産屋を建てる風習は失われたものの、さりとて母屋のなかでお産をする風でもない、いわば過渡期の様子を伝える事例として興味深い。

産屋のことはすでに『古事記』が語るイザナキの黄泉の国訪問譚にも出てくる。イザナキは亡き妻イザナミを連れもどそうと黄泉の国を訪れる。イザナキは妻から見ないでほしいといわれたにもかかわらず、その腐乱した死体を見てしまう。黄泉の国から逃げ帰るイザナキと、夫のあとを追いかけるイザナミは、この世とあの世の境界である黄泉《よもつ》比良坂《ひらさか》で夫婦別離のことばをかわす。イザナミが「汝《いまし》の国の人草《ひとくさ》、一日《ひとひ》に千頭《ちがしら》絞《くび》り殺さむ」というと、イザナキはそれなら「吾一日に千五百の産屋を立てむ」と答える。千五百人産むところを千五百の産屋を立てるといっている。「子を産む」ことと「産屋を立てる」ことが同じ意味に使われている。出産にはかならず産屋を建てる風習が古くからあったことをうかがわせる話である。

また、同じ『古事記』には、海神《わたつみのかみ》の娘トヨタマビメがウガヤフキアエズノミコトを産むときにも、海辺に鵜の羽を屋根葺き材にして産屋を建てた話が出てくる。「爾《ここ》に即《すなは》ち其の海辺の波限《なぎさ》に鵜《う》の羽《は》を以《も》ちて葺草《かや》に為《し》て、産殿《うぶや》を造りき」。産屋の屋根を葺き終わらないうちに生まれたことからウガヤフキアエズノミコト（鵜草葺不合命）と名づけたという有名な話である。このように、お産のために産屋を建てる風習があったことは『古事記』の話からも知ることができる。

産屋を建てる話に関連していえば、牧田茂氏によると、新潟県の佐渡島では、お産のことを「コヤタッタ」あるいは「オブヤタッタ」というそうである。コヤは小屋で、産小屋のこと、オブヤはウブヤ（産屋）のなまりである。また奈良県の奥吉野地方でも、産婦が産屋に入ることを「ウブヤヲタテル」という（『神と女の民俗学』、六一頁）。これらの例からわかるように、実際に産屋を建てる習慣がなくなっても、ことばから旧習をさぐることも可能である。

産屋は恒久的な建物ではない。用がすめばただちに壊すか燃やしてしまう仮設の建物である。『古事記』には、コノハナノサクヤビメ（木花之佐久夜毘売）が産殿に火を放って出産する話がある。コノハナノサクヤビメは天孫ヒコホノニニギノミコトの求愛を受け、一夜の交わりで妊娠するが、天孫ホノニニギはわが子であることを疑う。ヒメは疑いをはらすために産殿にこもり、土で塗りふさいだうえに火を放って出産する。いわゆる火中出産である。火が盛んに燃えるときに生まれた子が火照命《ほでりのみこと》で、次に生まれたのが火須勢理命《ほすせりのみこと》、最後が火遠理命《ほをりのみこと》である。三柱の子の名前にいずれも「火《ほ》」がつくのは、燃えさかる産屋のなかから生まれたことを考えれば当然のようだが、実はこの「ホ」は稲の「穂《ほ》」が原義とされ、これがのちに火中出産の話と結びつき、火の話に転じたらしい。「穂《ほ》」が「火《ほ》」に転じる背景には、おそらく産屋を燃やす風習があって、そのイメージが火中出産の話に発展したのだろう。ともかく『古事記』の説話からもうかがえるように、お産のとき産屋を建て、そして用がすめば燃やしたり壊したりする風習はかなり古くから行われていたようである。

この風習は近世まで続いていたらしく、しかし明治以降は村の共同施設としてつくられることが多くなり、そのため現在も保存されている産屋がある。谷川健一氏が敦賀湾に面した常宮《じょうぐう》という海村で見かけた産屋もそのひとつである。谷川氏によると、小屋は民家の屋内にあるが、もとは産小屋のすぐ近くまで海岸で、渚の波が打ち寄せていたというから、これは海辺に建つ産屋である（『常世論』、六五頁）。海辺といえば、トヨタマビメがウガヤフキアエズノミコトを産むときにこもった産屋もまた渚の波打ち際に建てられた。

また長崎県北部にある対馬の上県郡木坂地方にはトヨタマビメを祭神とする海神《わたつみ》神社があり、この村には明治以前まで産屋の風習が残っていた。これは大正八年に現地を訪れた武田勝蔵氏の報告によって知ることができる（「対馬木坂地方の産小屋と輪墓」）。海に近い村であること、トヨタマビメを祀る海神神社があることなどからみて、この村ではトヨタマビメの故事が忠実に伝えられてきたことがわかる。武田氏の報告には産屋が建てられた場所の記載はないけれども、おそらく昔は海辺の渚の近くに設けられたのではないだろうか。

周囲を海にかこまれた日本では、産屋は常世に最も近い海辺に建てられたのであろう。谷川健一氏も、さきに紹介した著書のなかで、「はじめは海のかなたの常世にもっとも近くもうけられた産屋が、海の見えない山中をえらんでたてられるようになった」と述べている（八五頁）。常世は生命をはじめ豊かなめぐみをこの世にもたらしてくれる他界である。それが海の彼方に想定されていたことは、記紀など古い文献をひもといてみるだけでも明らかである。たとえばさきほどのウガヤフキアエズノミコトは、叔母のタマヨリビメと婚してミケヌノミコト（御毛沼命）を産む。ミケヌノミコトは「浪《なみ》の穂を跳《ふ》みて常世国に渡り坐し」（波頭を踏んで常世に渡った）と『古事記』にあることから、常世は海の彼方に想定されていたことがわかる。また古代の生命観によれば、生命の誕生は魂の再生でもあるから、出産は魂の故郷ともいうべき他界と交渉をもつ瞬間にほかならない。だから波打ち際という他界の最も近くに産屋を建てるのは理にかなっている。海辺はこの世とあの世が接する境界と考えられていたのである。

谷川健一氏が敦賀湾の常宮で見かけた産屋、また武田勝蔵氏が紹介する対馬の産屋の習俗は、古代の産屋の遺風がつい最近まで生きのびていたことを示している。トヨタマビメが海辺に産屋を建てて、お産をしたという『古事記』の話は、古代に行われていた産屋の風習の実態をリアルに語ったものと考えられる。

ウブスナは産屋の砂か

現存する産屋の例をもうひとつ紹介しよう。京都府天田郡三和町大原には古い産屋が残されている。この産屋については高取正男氏が『神道の成立』のなかで紹介しているので、それを参考にすると、まず産屋は集落の横を流れる川合川の対岸の水田のなかにある。萱葺きの素朴な小屋で、三畳ほどの広さの屋内は土間のままである。昔は妊婦が産気づくと、川に臨時の仮橋を渡し、夫が先導して産屋に連れて行ったという。仮橋といっても梯子の上に板をのせただけの簡単なもので、食事は家で料理したものをこの橋を渡って運んだ。産屋は明治の末ごろまで使われていたそうで、その後、家でお産をするようになってからは、産婦が赤子を連れて数日間過ごすのに利用されたという（二四―五頁）。

大原の産屋については谷川健一氏もふれている。谷川氏の説明では、土間の床には「川砂を敷き、その上に藁を敷いて床は張らなかった」という。そして谷川氏が地元の一〇〇歳に近い老女から聞いた話に、「床を張ったら難産、床をとったら安産といわれた」（前掲書、七〇―一頁）とあるのは興味深い。これはすでにみたように、嫁に行った娘が出産のために里帰りをしてヘヤで産もうとしたが生まれなかったので、裏庭にムシロを敷いて産んだという神奈川県三浦市の事例にも通じる。要するに、昔のお産は床の上ではなく、大地に直接触れながらするものであったことを示している。大地に触れるのは大地の神や精霊と交流するためであり、逆にいえば、大地の神や精霊の庇護がなければ無事に赤子を産むことができないという意味でもある。大地の神や精霊はのちに産神や産土神に発展する原始的な神々と考えられる。「床を張ったら難産、床をとったら安産」という俚諺には、大地の神々と交流しながらお産をした古い時代の名残が感じられるように思う。

大原の産屋では、まず土間に砂を敷き、その上に産褥をもうける。敦賀湾の常宮の産屋も同様で、産褥の下には砂を敷くと谷川氏は述べている。大原の産屋と常宮の産屋は古い産屋の風習を今日に伝えるものであり、産褥の下にわざわざ砂を敷くのは何か理由があるのだろう。この砂について考えてみることにしよう。それには谷川氏の説明を参考にしながら、常宮の産屋についてもう少し詳しくみておく必要がある。

谷川氏によれば、産屋は四畳半と三畳の二間からなり、床は張らずに土間のままである。そして土間には「海のきれいな砂をまず敷き、その上に藁をおき、次に粗いムシロを重ね、一番表面には藺草《いぐさ》のゴザを置く」。天井からは力綱がたれ、妊婦は寝たまま力綱をにぎりながらお産をした。産婦が入れかわると、砂と敷藁を取りかえたという。そして谷川氏が地元の古老から聞いた話では、この砂のことをウブスナというらしい。ウブスナとは「産屋の砂」のことだと谷川氏は説明する。つまり「ウブスナに産土、（または生土）という字をあてているのは、産砂から産土へ、すなわち砂から土へと産屋の地面が変化したことを意味すると考えればよいのである」という（同前、六六―七頁）。産屋の砂だからウブスナとはきわめて明快な論理である。

それにしても、ウブスナはいったい何のために敷くのだろうか。ひとつには、お産にともなう汚血やおりものを砂に吸い込ませるという実際的な効用も考えられる。常宮を含む敦賀湾の海村の産屋の習俗については西山やよい氏も詳細に調査している。西山氏が地元の老女から聞いた話では、おりものは藁までは下がるが、砂まで下がることはめったにないという（『産屋の民俗』、一四五頁）。砂の実際的な効用にはあまり根拠がないということだろう。だとすると、砂を敷くのは実際の効用以外の目的が考えられる。思うに、この砂はかつて産屋が海辺に建てられたころの名残ではないだろうか。

古い産屋は床を張らない土間だから、産屋が渚の波打ち際に設けられたとすれば、土間の床はそれじたいが砂地である。谷川氏の指摘にもあったように、はじめ海の近くに建てられた産屋がしだいに海から遠く離れた山里にも建てられるようになると、産屋の土間は砂から土に変わるわけで、すると産褥の下に砂を敷くのは、かつて海辺に建てられたころの名残であり痕跡とも考えられる。別の言い方をすれば、産屋の砂は海辺を再現するために敷かれるもので、渚のいわば象徴ともいえる。敦賀湾に面した海村はともかく、京都府天田郡三和町大原は山里である。そこでは産屋のすぐ脇を川が流れているから、土間に敷く砂も川砂である。川砂は海砂の代用であろう。

産褥の下に敷くウブスナは、かつて産屋が海辺に建てられたころの面影をとどめるものであり、海辺の再現である。とはいえ、海辺を再現するためにわざわざ産褥の下に砂を敷くのも腑に落ちないし、不自然な気がする。ウブスナにはもっと深い意味が隠されているのではないだろうか。その意味をさぐるには、産屋の風習だけでなく、さらに出産にまつわる儀礼や習俗を含めて考えてみなければならない。

蟹と産育儀礼

トヨタマビメが海辺に産屋を建ててお産をした話はすでに紹介した。この説話は『古事記』や『日本書紀』に出てくるが、『古語拾遺』にはこの話にからんで蟹守《かにもり》の故事が語られている。これは古代のお産の習俗を知るうえで参考になるので引いておきたい。

天祖彦火尊《あまつみおやひこほのみこと》、海神《わたつみ》の女豊玉姫命《むすめとよたまひめのみこと》を娉《ま》ぎたまひて、彦瀲尊《ひこなぎさのみこと》を生みます。誕育《ひだ》してたてまつる日に、海浜《うみへた》に室《みや》を立てたまひき。時に、蟹守連《かにもりのむらじ》が遠祖天忍人命《とほつおやあめおしひとのみこと》、供《つか》へ奉り陪侍《はべ》り。箒《ははき》を作りて蟹《かに》を掃《はら》ふ。仍りて、鋪設《しきもの》を掌《つかさど》る。遂に職《つかさ》と為す。号《なづ》けて蟹守《かにもり》〔今の俗《よ》に借守《かりもり》と謂ふは、彼《そ》の詞《ことば》の転《うつ》れるなり。〕と曰《い》ふ。

『古事記』では、トヨタマビメが産んだ子の名はウガヤフキアエズノミコトと命名された。ヒコナギサノミコトはウガヤフキアエズノミコトの別名である。ともかくトヨタマビメがお産をするとき海辺に産屋を建て、そして蟹守連が箒を作って蟹をはらったという。これが鋪設を担当する職章の起源で、名づけて「蟹守」という。蟹守は宮中の掃除、敷物、設営を担当する役職のことで、当時は「カリモリ」と発音された。のちの宮中の清掃や鋪設をつかさどる大蔵省所属の掃部司《かもんづかさ》はその後身である。

ここでまず問題になるのは、蟹守の意味である。海辺に設けられた産屋だから、まわりを蟹が這《は》うこともあれば、産屋のなかに入り込むこともある。岩波文庫本『古語拾遺』の補注によると、蟹守は「蟹の近づくのを防ぐのではなく、その逆に蟹が逃げだすのを防ぐ意味」だとされる（八一頁）。蟹守はその名のごとく蟹を守るのが本来の仕事であって、蟹を箒で掃き集めて産屋のなかに入れ、逃げ出すのを防ぐのである。それが蟹守の本来の仕事であったらしい。こうした職掌が存在したことじたい、海辺に産屋を建てる風習があった何よりの証拠であろう。かつて海辺に産屋を建てる風習があったことは、蟹守という職掌の存在によっても裏づけることができる。

蟹守の故事に似た風習が沖縄の出産儀礼に残されている。沖縄には赤子が生まれると、産室に蟹を二、三匹這わせる風習がある（『日本民俗語大辞典』、三七二頁）。これと同じような風習は奄美大島にもあって、こちらは生後七日目に赤子の頭に蟹を這わせる。沖縄の場合、蟹がとれないときはイナゴで代用することもあるという。蟹もイナゴも脱皮の習性があることから、沖縄の風習が蟹の脱皮にあやかる儀礼であることは間違いなさそうである。蟹は脱皮を繰り返すたびに成長する。脱皮は生命の更新であり再生でもあり、脱皮を繰り返す蟹はいわば死と再生の象徴とみなされたのだろう。赤子の身体のなかには誕生と同時に新しい魂が宿りはじめるわけだが、しかし生まれたばかりの赤子の魂はまだ不安定で身体から抜けやすい。そこで魂の更新と再生を願ってさまざまな儀礼が行われる。産室に蟹を這わせたり赤子の頭に蟹を這わせたりするのも、要は蟹の脱皮の習性にあやかり、魂を更新させながら身体のなかに落ち着かせることを願ったのであろう。

赤子の魂はあたかも蟹が脱皮するように、古い殻を脱ぎ捨て新しい魂に更新される。とくに生まれたばかりの赤子の生育儀礼に「カニ」の語を冠したことばがしばしばみられるのも、赤子の魂の更新が蟹の脱皮作用に擬せられているからだろう。柳田国男の「家閑談」を参考にしながらいくつか例をあげると、赤子がまだいちども母乳をとらない前に出す便のことを胎便というが、この胎便はカニクソとかカニババ、あるいはたんにカニなどと呼ばれる。また奈良県宇陀郡の山村では、生後三日目に着せる着物のことをカニコトリという。カニコも胎便のことで、胎便が出るころに着せるという意味でそう呼ばれるらしい。佐渡島ではこれをウブケオトシといい、もとは肌に直接つけるもので、これで「生れ児の渋皮を取る」などといわれる。カニコトリは産着よりも前に着せる粗末な肌着で、それまではあり合わせのものにくるんでおくという（『定本柳田國男集』第一五巻、二一四頁）。またボロにくるんでおくという地方も少なくない。ボロにしろカニコトリにしろ、産着よりもずっと粗末な肌着であることを考えると、もともと脱ぎ捨てるのを前提にしているのではないかと思われる。要するにボロやカニコトリははじめから「殻」として考えられていたふしがある。蟹が脱皮を繰り返すたびに成長するように、赤子もまたボロやカニコトリという殻を脱ぎ捨てることで成長する。成長をつかさどるのは魂であり、生まれたばかりの赤子の魂は不安定で身体から抜けやすい。赤子をボロにくるんだり、粗末な肌着を着せたりするのは、その殻を脱ぎ捨てることで魂が更新されると信じたのだろう。

蟹は水神の使い

そのほかにも赤子にまつわる生育儀礼にカニということばで呼ばれるものがある。高知県下では生後七日目から一か月目あたりに赤子の顔や額に出る吹き出物のことをガニとかガネという（近藤直也『祓いの構造』、二八、三三二頁）。ガニ、ガネは蟹を意味するこの地方の方言である。また鎌倉時代の語源辞典『名語記』にも「赤子ノハタニイツルカサヲカニトナツク如何」とあり、赤子の肌にできる瘡《かさ》を当時はカニと呼んでいたことがわかる。瘡や吹き出物が治るころには瘡ぶたがむけて、新しい皮膚に生まれかわる。したがって瘡や吹き出物をカニというのは、蟹が脱皮するのとよく似ていることからつけられたのだろう。

胎便をカニババ、カニクソ、あるいはたんにカニというのも同じ発想からきていると考えられる。胎便は栄養分が赤子の体内に吸収されたあとにのこる残滓であり、つまりは脱け殻である。だからこの場合のカニババ、カニクソ、カニにも脱け殻という意味があったのだろう。

カニコトリのカニコも胎便のことである。このことからカニコトリを文字通りに解釈して胎便を取る肌着とする説がある。しかしこの場合のカニコトリにも即物的な解釈を超えた深い意味が隠されているように思う。すでにみたように、佐渡島ではカニコトリをウブケオトシといい、これで「生れ児の渋皮を取る」という。あとでふれることになるが、ウブには魂という意味があり、またケはおそらく穢《けがれ》の意味で、『名義抄』に「穢ケキタナシ」とあることから、ウブケは魂のけがれたもの、つまり魂の殼、魂の脱け殼であろう。また「生れ児の渋皮を取る」の「渋皮」も殼とみれば、ウブケオトシとは魂の殼、すなわち魂の脱け殼を落とすという意味だろう。だからカニコトリも胎便を取る肌着というよりも、魂の脱け殼を取る肌着とすべきである。古い魂の脱け殼を取ることで、新しい魂への更新がはたされる。古い魂から新しい魂への更新をうながす呪力を帯びた肌着、それがカニコトリでありウブケオトシである。たんなる胎便を取る肌着ではないのである。

いずれにしても古代人の生命観によれば、身体は魂の容れ物であり、容器である。それは人間にとどまらず生きとし生けるものすべてにあてはまることで、とくに脱皮したあとの蟹の殼は目に見えるかたちで残されることから、それが魂の脱け殼とみられたとしてもおかしくない。脱皮を繰り返す蟹は魂の化身であり、脱皮したあとの殼は文字通り「魂の脱け殼」とみなされたのであろう。蟹が霊性をもつ生き物とされるゆえんである。

「蟹の甲石」「蟹淵」など蟹が登場する説話では蟹が水神的な性格をもち、霊力のある生き物とされている。また民間に残る蟹にまつわる禁忌やタブーにもそのことがうかがえる。たとえば高知県の高岡郡や幡多郡では、田植えのころに生まれるツガニの子をオサバイサマ（田の神）の乗り物といい、殺すのを忌む。岡山県や徳島県では、蟹は神様のお使いだから殺してはいけないとされる。宮城県栗原郡花山村でも、金毘羅様がいる家では蟹は食べない。新潟県栃尾市でも、蟹は白山様の使いだから氏子は蟹を食べないという（『日本俗信辞典』、一四九―一五〇頁）。

蟹は海辺や磯浜など水辺に生息することから水の霊とも考えられている。これは蟹の水神的な性格を具体的に示すもので、蟹淵とか蟹沢、蟹掛け堂など、水霊としての蟹にまつわる名称も各地に残されている。私たちが子供のころに親しんだ「猿蟹合戦」の説話も、田の精霊である猿と、川の精霊である蟹との争いの話ともいわれる。田中新次郎氏によると、香川県では、蟹が床の上にあがれば雨の前兆だといい、鳥取県には少年たちが「水神ごめん、蟹ごめん」といいながら川に放尿する遊びがあったという（「蟹について」）。蟹が水霊もしくは川の精霊とみられていたことは、これらの俗信にもうかがうことができる。

このように蟹が霊的な生き物、とりわけ水霊や水神的な性格をもつ生き物であることは各地に残る伝承、禁忌、俗信をみても明らかである。蟹が霊的な動物とされるのは脱皮の習性によるわけだが、しかし理由はそれだけにとどまらない。蟹は水辺に生息し、岩の割れ目や小さな穴を出入りし、泥に穴を掘ってもぐる習性がある。この点も蟹を霊的な生き物とみなす理由のひとつではなかったかと思う。

私たちの遠い祖先は海の彼方に常世があると信じていた。波打ち際はこの世とあの世が接する境界であり、海辺にある岩の割れ目や穴は海底を通じて異界につながっていると考えられた。一般に穴が異界への連絡口であったことは「鼠浄土」をはじめ多くの昔話や伝承によっても知ることができる。「鼠浄土」の話では、野良仕事に出かけた爺さんが昼飯の握り飯を食べようとすると、手からすべってころころと転がり、近くの鼠穴に入ってしまう。握り飯のあとを追って爺さんが穴のなかに入っていくと、そこは異界であった。畑の畔道や民家の土間の片隅にある小さな鼠穴が異界への連絡口とされている。鼠と同様に蟹もまた穴を出入りすることから、異界と人間界を往来する霊的な生き物とみられていたのである。とくに蟹は水辺にある岩の割れ目や小さな穴を出入りし、穴を掘って土中にもぐることから、水界とこの世を媒介する使者とみなされたようである。穴ひとつあるところには神霊が宿るといわれるように、穴を出入りする蟹もまた水界とこの世を仲介する霊的な生き物と信じられたのである。

水神は子を授ける神

産育儀礼に水界を象徴する蟹がしばしば登場するのも、赤子が水界と何らかのかかわりがあるからだろう。大藤ゆき氏は、七夜に水の神や井戸神にお参りする儀礼が関東地方一帯にみられることに注目し、水神と生児との深いかかわりを指摘する（『児やらい』、一三六頁）。地方によると、生まれたばかりの赤子のことを「みずっこ」とか「みずこ」という。一般には「生まれたばかりでみずみずしいから」などと説明されるけれども、これはいささか理につきすぎているように思う。こうした名称なども水神との関係が考えられるし、たぶん「水神の子」という意味でそう呼ばれるのだろう。「七歳までは神の内」といわれるが、和歌山県上山路村では、七歳まではミドリゴまたはミズコと呼んでいる（『山村生活の研究』、二一一頁）。この場合のミズコにも水神からの授かりもの、水神の子というニュアンスが感じられる。

また水子供養といわれるように、流産したり堕胎したりした胎児も水子《みずこ》という。ここでいう水子もおそらく水神の子であり、さらにいえば、「水神にお返しする子」という意味でとくにそう呼ばれたのではないだろうか。秋田県能代川上流地方では、昔は養育できない嬰児は「お返しする」といって、桟俵《さんだわら》にのせて川に流し捨てたという（『児やらい』、一六頁）。赤子は水神の子、つまり水子であり、したがって養育できない嬰児はそのまま水神に返してしまうのである。

水神と赤子の関係は、桃から生まれた桃太郎の昔話にもいえる。桃が川上から流れてくるのをみると、桃太郎は水界からやってきたのだろう。桃太郎は水神の申し子である。また『今昔物語集』や『神道集』には、子のない夫婦が観音に祈願して子をさずかる話が多く語られている。観音は岩場や洞窟などによく示現し、水とのかかわりが濃厚である。岩場や洞窟は淵や滝壺とならんで水界への参入口とされるから、観音は日本の古い水神信仰の聖地に重層するかたちで示現していることがわかる。西郷信綱氏のことばを借りると、「山や水の古い神たちのすでに領する地に、今来の神として観音は示現したのである」（『古代人と夢』、一〇二頁）。観音信仰は古くからある水神信仰を基盤にして発展したものであり、したがって観音が子を授ける神であるのも、もとはといえば水神信仰に由来するわけで、水神と赤子との関係を考えれば納得がいくはずである。

ともかく、赤子は水神からの授かりものであった。そして水辺に生息する蟹は水神の使いであり、生後間もない赤子の生育儀礼にカニババ、カニクソ、カニコトリなど、カニの語を冠したことばが多くみられるのもそのためである。こうして産育儀礼と蟹との関係をみてくると、トヨタマビメがお産をするとき蟹を箒で払ったという故事もたんなる架空の話ではなく、実際に行われていた儀礼なのだろう。産室に蟹を二、三匹這わせる沖縄の事例や、赤子の頭上に蟹を這わせる奄美大島の事例などは、古い信仰がかたちを変えて伝承されてきたものであり、その意味では古代の遺風を今日に伝えるものだといえよう。

トヨタマビメの故事では、蟹は水神の使いとして登場するわけで、蟹はあの世から魂を運んでくる使者と信じられていたのではないだろうか。あるいは、いままさに生まれようとする赤子の身体のなかに入るべく魂の化身とみられていたのかもしれない。蟹はあの世から魂を運んでくる使者であり、魂の化身であったとすると、蟹を掃き集める箒もまたたんなる道具ではなく、神聖な呪具であったのだろう。これは箒の語源を調べてみるとわかる。かつて箒が「ハハキ」と呼ばれたことは『和名抄』にみえる。折口信夫によると、奈良朝ころの習慣では直音が長音に変わることがあり、「は行音の長音は、同じ音を重ねて表された」という（『折口信夫全集』第一五巻、二三四頁）。つまり「ハーキ」は「ハハキ」と表音され、今日、箒が「ホウキ」と発音されるのはその転訛であろう。

また吉野裕子氏は、『古語拾遺』に「ハハ」が大蛇の古語とあることから、ハハキは蛇木のことで、「蛇になぞらえて、蛇の代役をつとめさせようとする木が『ハハキ』といわれたのではなかろうか」という（『陰陽五行と童児祭祀』、一七六頁）。吉野氏は箒を蛇の代用、代役とみている。蛇は蟹と同じく脱皮の習性がある。脱皮は死と再生の繰り返しだから、脱皮の習性をもつ蛇もまた死と再生のシンボルとみなされた。吉野氏がいうように、箒を蛇の代用、蛇の代役とすると、蟹守の故事に出てくる蟹と箒はどうやらセットになって死と再生を象徴しているらしい。蟹は蛇とともに死と再生のシンボルをあらわしている。蟹は具体的には魂の運搬者であり、魂の化身ともみなされ、箒はその神聖な蟹を掃き集めるための呪具であった。

蟹と箒にみる死と再生のシンボル

箒は出産儀礼のほかに葬送儀礼でも呪具として使われたようである。出産と葬送はまるで逆のようだが、いずれも現世と他界の間で魂のやり取りが行われるという点では同じである。『古事記』には、葦原中国を支配しようと邪心を抱いたことから返し矢にあたって死んだアメノワカヒコ（天若日子）の葬送の場面があり、そこには葬送の儀礼に奉仕する役目としてさまざまな鳥が登場する。雁は岐佐理持《きさりもち》として、鷺は箒持《ははきもち》として、翡翠《かわせみ》は御食人《みけびと》として、雀は碓《うす》女《め》として、そして雉は哭女《なきめ》として、それぞれ葬送の儀礼に奉仕したとある。さしあたって注目したいのは箒持である。箒持は箒をもつ役目で、牧田茂氏によると、古代の葬儀には肉体から遊離したタマ（魂）を掃き集めるのに箒が使われたという。お産に箒が使われるのもこれと同じ理屈で、魂を招き寄せて、生まれたばかりの赤子の身体につけるためであったとする（『人生の歴史』）。生まれたばかりの赤子の魂はまだ不安定で体内を出たり入ったりする。そのため箒で頻繁に掃き集める必要があると考えられたらしい。『古語拾遺』の事例からいっても、蟹を赤子の魂の化身と見立て、箒で掃き集める儀礼が実際に行われていたことはたしかなようである。

対馬の海神神社については前にもふれたが、中山太郎氏の「蟹守土俗考」によると、この神社では安産祈願に箒を一本奉納し、安産したときにはもう一本奉納するしきたりがあったという(『日本民俗学・風俗篇』、五頁)。これと似た風習は兵庫県神戸市布引地方にもあり、武庫郡徳井字中郷の応神社境内から荒神箒を借りてきて祀り、産気づくと箒で妊婦の腹をなでる。そして安産すれば、お礼に新しい箒を求めて半紙で包み、水引をかけて神社に奉納するという(『旅と伝説』六巻七号)。お産のとき真っ先にやってくるのは箒神といわれるように、箒はのちに神格化して箒神になったり、あるいは産神の依代として産屋に祀られたりする。これももとはといえば箒が魂を掃き集める呪具であり、死と再生のシンボルであったことに由来する。

蟹と箒はともに死と再生のシンボルとして出産の場に登場する。実は産屋の土間に敷くウブスナもまた同じように赤子の死と再生にかかわっているようである。ここでウブスナについてあらためて考えてみることにしよう。

古代の産屋は床を張らない土間形式であったから、タマヨリビメの産屋のように海辺に建てられたとすると、土間は砂地である。この砂地の上に直接産褥を設けて、タマヨリビメはウガヤフキアエズノミコトを産んだとされる。海辺の産屋では、箒で掃き集められた蟹は産褥の周囲を這いまわるにまかせたと考えられる。蟹が産室のなかを自由に這いまわることで、蟹が他界から運んできた魂は産室の土間の砂に付着する。胎児の魂はすでに古くなっているから、生まれるとすぐに新しい魂と交換しなければならない。新しい魂はおそらく砂からもらいうけるものと信じられたのだろう。赤子の身体が産褥に触れた瞬間、新しい魂が体内に注入される。沖縄の風習にみられるように、蟹を産室内に這わせるのは、魂を産褥や床に付着させるという意味があったのではないだろうか。いささか突飛な発想のように思われるかもしれないが、昔のお産が座産であったことを考えれば、かならずしもそうとはいえない。

座産はいうまでもなくすわったままでお産をすることで、この姿勢では、産道から産み落とされた赤子が最初に触れるのは産褥である。たとえば中世の絵巻「餓鬼草紙」の第二段には出産の情景を描いた場面がある。畳の上に産褥を設け、その上に産婦がすわった姿勢で描かれている。産婦は両足をやや開き、膝を曲げ、足元には産声をあげたば

「餓鬼草紙」に描かれた出産風景（部分）（国宝・東京国立博物館所蔵）
Image : TMN Image Archives　Source : http://TmnArchives. jp/

かりの赤子の姿が見える。座産では産み落とされた赤子が最初に触れるのは産褥であり、床を張らない古代の産屋であれば文字通り大地の上であった。赤子は産褥や大地の上に直接産み落とされるのであり、「産み落とす」という物言いが生まれるのも座産ならではといえよう。

そして生まれたばかりの赤子の肉体にはただちに魂が注入され、こうしてはじめて赤子はこの世に生を受けたことになる。魂はどのようにして赤子の体内に注入されるのだろうか。おそらく赤子が産褥に触れた瞬間ではないかと思う。土間形式の産屋であれば、大地から直接もらい受けるものと考えられたであろう。すでに述べたように、蟹は他界から魂を運んでくる水神の使者、もしくは魂の化身である。蟹が産室のなかを這いまわることで、産室の床や産褥の上に魂が付着する。産褥の上に産み落とされた赤子は、産褥に直接触れることで、そこから魂をもらい受けるのである。

大地から魂をもらい受ける

前にもふれた京都府天田郡三和町大原の産屋、敦賀湾にのぞむ常宮の産小屋などでは、産婦は土間に砂を敷き、その上に藁やムシロを敷いて出産した。いずれも産褥の下に砂を敷くのが特徴である。さきに私は、この砂は、かつて産屋が海辺に建てられた時代の名残ではないかと述べておいた。これでも大筋ではまちがいないが、より正確にいえば、この砂はたんなる海辺の砂ではない。魂の付着した砂である。谷川健一氏はこれを「産屋の砂」という意味でウブスナと呼んだ。しかし谷川氏もこれでは不十分と思ったらしく、その後に書かれた論文では、「ウブスナとはウブの呪力のついた砂、あるいはウブ神によって聖別された砂をさすものであろう」とし、一歩踏み込んだ見解を示している（「古代人のカミ観念」）。

ここで谷川氏が、ウブスナのウブを魂と同じような意味で使っている点に注目したい。谷川氏が根拠とするのは、高知県や愛媛県あたりに伝わるウブイレとかオブイレと呼ばれる風習である。この風習は同じ県内でも地域ごとにさまざまな形式をとる。最も一般的なのは愛媛県南部に伝わる風習で、幼児が何かに驚くとウブが抜けたといってウブイレをする。幼児を臼や箕のなかに入れて呪文をとなえ、杓子などで魂を招くしぐさをする。こうするとウブが身体のなかにおさまるという（『産育習俗語彙』、四六頁）。この場合のウブは幼児の身体のなかに宿る魂のことである。

また桂井和雄氏の報告によると、高知県西南部の土佐清水市下ノ加江町などでは、幼児が病気がちであったり、びっくりしたりするとオブイレをする。米粒少々と、一文銭を用意しておき、幼児の着物の衿を少しほどいて背守りの部分をあける。それから子供を抱いて家を三回まわり、角にきたとき子供の名を呼ぶ。三回まわると、米粒三粒を背守のほどいたところから一文銭の穴を通して落とし、それを子供に食べさせる。この種のオブイレの呪法は土佐清水市の海岸の部落には濃厚に残っているという（『俗信の民俗』、一四〇頁）この場合の米粒はオブ（魂）の依代と考えられているようである。

沖縄にもこれとよく似た風習があり、子供が失神したり病気になったりするとマブイが抜けたといってマブイコメの呪術をする。これは高崎正秀氏が『古典と民俗学』のなかで紹介している（一〇二頁）。沖縄のマブイコメも高知県のオブイレも儀礼の目的はまったく同じだから、高崎氏も指摘するように、マブイとウブは同語であろう。備前の邑久郡あたりでは小児のひきつけをマブリといい、沖縄のマブイとよく似たことばで呼んでいる。以上のことから、マブリ、マブイ、ウブ、オブはみな同じ魂を意味することばと考えられる。

ウブスナに「産土」の漢字があてられるように、ウブは「産む」の転訛ではないかと一般には考えられている。ウブは要するに「産む」から派生したことばで、それと同じ意味だとされる。『岩波古語辞典』もウブを「ウムの転」とし、「出産・誕生に関することをあらわす語」としている。たしかにウブとウムが同根語であることは認めるにしても、いまみてきたように、ウブには魂という意味もあるから、出産や誕生をあらわす「産む」の語とは区別する必要がある。

したがってウブスナのウブはウム（産む）の転訛というよりも、魂を意味するウブに由来するとみるべきであろう。ウブスナはウブ（＝魂）の砂、つまり魂の付着した砂という意味である。しかし昔の産屋が海辺に建てられたといっても、海辺の砂をすべてウブスナと呼ぶことはできない。産屋によって取り込まれた屋内の土間の砂がウブスナである。谷川健一氏のことばを借りれば、「ウブ神によって聖別された砂」であり、呪力を帯びた砂である。蟹守の故事は聖別された砂をより確かなものとする儀礼であった。生まれてくる赤子の肉体に入る魂はあらかじめ産屋の土間の砂に付着している。赤子は産屋の土間にじかに産み落とされ、そこから魂をもらい受けるのである。のちに産屋が海辺から離れた場所に建てられるようになると、ウブスナは特別な砂として産褥の下に敷かれるようになる。京都府の大原や敦賀湾の常宮の産屋では産褥の下に砂が敷かれていたが、この砂も元来は魂の付着した砂（＝ウブスナ）であったと考えられる。

西山やよい氏の報告によると、敦賀湾の部落のうち常宮、縄間、沓に残る産小屋では、床に敷く砂は細かなさらさらの砂ではなく梅の種ほどある荒砂であったという（同前、一八三頁）。これは砂というよりも、丸みを帯びた小粒の石といってもよく、その形から連想されるのは魂である。魂（タマ）は玉（タマ）と同根語とされるように、玉のような形状のものには魂が宿ると信じられた。産屋に敷く砂を魂の付着した砂だとすると、梅の種ほどある荒砂は魂のシンボルとしてまことにふさわしい。ウブスナはウブ、すなわち魂の付着した砂であり、それは梅の種ほどある荒砂によって具体的にイメージされたのであろう。

境内の砂

ところで、沖縄ではオタケ（拝所）の奥まった部分をウブという。また奄美群島の阿室《あむろ》では神木がなく白い砂が敷いてあるところをウブといい、月に二回（一日、一五日）、七歳から一五歳までの子供が砂を敷く役をつとめるという（『綜合日本民俗語彙』第一巻、一六二頁）。この白い砂をウブスナと呼んだかどうかわからないが、本土では神社の境内の砂をウブスナといっているところがあるから、オタケの白い砂もどうやらウブスナと関係がありそうである。神社の砂とウブスナの関係といえば、『尾張国風土記』逸文には、宇夫須那《うぶすな》社の社名の由来を語った故事が記載されている。

尾州《びしゅう》葉栗郡《ハグリのコホリ》、若栗《ワカクリ》ノ郷ニ宇夫須那《ウブスナ》ノ社《やしろ》ト云フ社アリ。廬入姫《イホイリヒメ》ノ誕生産屋之地ナリ。故ニ以テ號為社云フ《やしろのなとなすとい》。

尾張の国尾州葉栗郡に宇夫須那社という神社がある。景行天皇の皇女である廬入姫の誕生した産屋の地であり、そのことから社名としたという。すでに述べたように、古代の産屋は床を張らない土間形式で、土間に砂を敷き、その上に産褥を設けてお産をした。土間に敷く砂はウブスナと呼ばれたが、この故事はそのことを示唆している。つまり宇夫須那社の「ウブスナ」は、産屋に敷く砂（＝ウブスナ）に由来するのである。神社の境内の砂をウブスナといって安産のお守りとする風習も、この宇夫須那社の故事と無関係ではあるまい。よく知られているのは京都市右京区梅

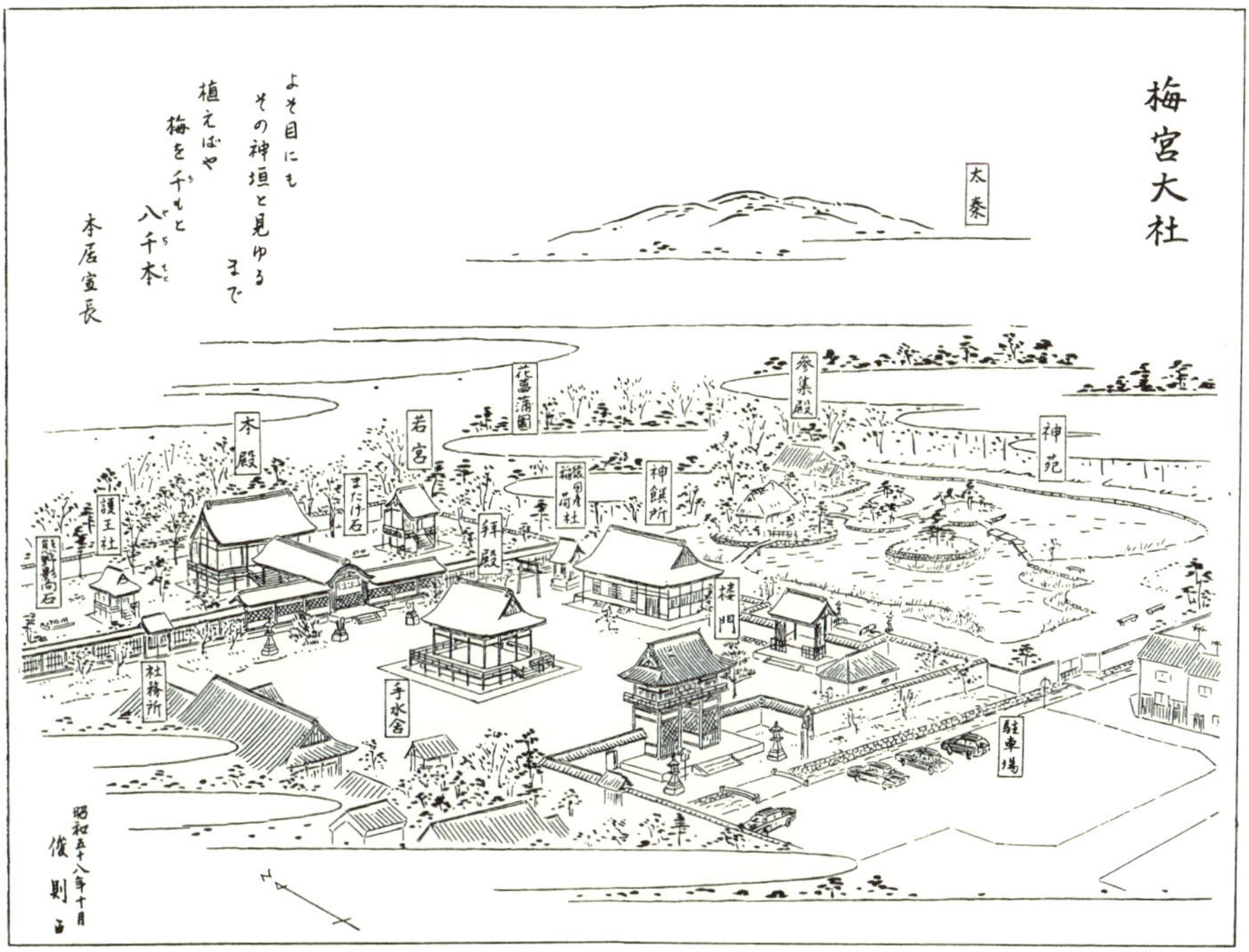

梅宮大社全景図（竹村俊則『昭和京都名所圖會』駸々堂より）

津フケノ川町にある梅宮大社で、そこでは境内の砂をウブスナといい、梅宮の代名詞にもなっている。『神道名目類聚抄』には、

産スナトハ梅宮ノ儀ナリ、婦女安産ヲ彼神社ニ祈、社ノ砂ヲ受来テ産ノ守トス、是故ニ産砂ト云事アリト云リ、

とあり、梅宮大社に安産を祈願し、境内の砂をその守りとすることから、社の砂をウブスナと呼ぶようになった消息が述べられている。

また社伝によると、梅宮大社は橘氏の氏神で、檀林皇后橘嘉智子が社に祈願して仁明天皇を産んださい、境内の白砂を産褥の下に敷いて安産したことから、それにあやかり社頭の白砂を安産の守りとするようになったとされる（竹村俊則『昭和京都名所圓会』四、三四五—八頁）。その後、梅宮大社は子授かり、安産の神として今日にいたっている。檀林皇后が産褥の下に砂を敷いてお産をしたのは、昔から伝わるお産の風習にしたがったまでのことで、当時は決してめずらしいことではなかったはずである。中山太郎氏が引く『伊予温故録』にもこれと似たような逸話が語られている。それによると、藤原為時の妻は夫婦の間に子がないのを悲しみ、福水神社に祈願したところ、霊夢に導かれ、この社地の砂を臥床の下に散布して女子をもうけた。これがかの有名な紫式部だという（同前、五三頁）。

このように産屋が海辺から遠く離れた地に建てられるようになると、産屋に敷くウブスナは神社の境内の砂で代用するようになったらしい。しかも尾張の宇夫須那社、京都の梅宮大社の例でもわかるように、ウブスナは同族神や氏神と習合され、一種の神格をもつようになった。これが産土神《うぶすながみ》である。ウブスナが同族神や氏神と結合することで、その神を祀った神社の境内の砂が神の神体や分霊、もしくは依代とみなされるようになり、子授かり、安産の守りとされるようになった。神社の境内から砂をもらい受けるのは、いわば霊験あらたかな神の分霊をいただくのと同じ意味をもっている。

産神も産土神と同じくお産の神様で、産神が来ないことには赤子が生まれないといわれるほど、出産には欠かせない神である。産土神と産神を同じ神とする説があるけれども、厳密にいえば多少の違いがある。産土神はどちらかというと安産や子授かりの神であり、一方の産神はウブ（魂）をさずける神という意味合いが強いようである。いずれも「産」の漢字をあてているが、すでにみたように、ウブは魂という意味であり、とくに産土神はウブスナが神格化した神にほかならない。

元禄七年の奥付のある『年中重宝記』には、「うぶすなとは神の名にあらず」ということばがみえる。これはウブスナの原義をいいあてているように思う。ウブスナは産屋に敷くウブ（魂）の付着した砂であり、その聖なる砂の信仰がのちに同族神や氏神と習合して産土神に発展した。ウブスナには産土のほかに産砂、生土、本居などの漢字があてられることもある。いずれも大地や土地とのかかわりが濃厚に感じられる。「本居」は生まれた土地のことで、本居神は生まれた土地に結びつける神という意味らしい。ウブスナが土地や大地にかかわるという点では、本来の意味を失っていない。出産が大地と触れながらするものだという古い信仰は、ウブスナに連綿と受け継がれているようである。

第四章　ウブスナと常世信仰

ウブスナの原郷

古代の産屋は土間にわざわざ砂を敷いて、その上に産褥を設けた。この砂をウブスナという。ウブは魂という意味で、ウブスナは「魂の付着した砂」というのが本来の意味と考えられる。ウブスナの上に産み落とされた赤子は、そこから魂をもらい受けるのである。産屋の土間にウブスナを敷くのは、生まれたばかりの赤子の体内に新しい魂を注入するためであった。したがって古代の産屋が海辺に建てられたのは、そこが他界に最も近いだけでなく、渚の砂がすぐ近くにあることも大きな理由のひとつであった。海辺に建つ産屋は土間じたいが砂地であり、土間そのものがすでに聖別されているのである。

ウブスナは海辺にある魂の付着した砂であり、聖別された砂のことである。ウブスナに魂が付着しているのは、それが魂のふるさとともいうべき常世からもたらされたことを物語っている。古代の日本人は海の彼方に常世の国を想定し、そこから時をかぎって常世波が押し寄せてくると信じたが、ウブスナもまたその常世波によって運ばれてくると思われていたらしい。あるいは常世波に洗われた海辺の砂には霊力があるとも考えられた。いずれにしてもウブスナと常世の関係はきわめて重要である。ここではそのことを中心に話をすすめていくことにしよう。

常世波が運んでくるのはウブスナだけではない。常世波が運ぶ海水もまた聖なる水で霊力がある。とくに初春に打ち寄せる海水は「すで水」といって蘇生の水とされ、その聖水で水垢離《みずごり》をとり、魂の更新をはかる儀礼は日本の各地で行われていた。たとえば静岡県の駿河湾も常世波が打ち寄せると信じられ、その周辺の部落では正月の三が日、人々は浜辺に出て潮垢離をとったという（野本寛一『石の民俗』、七六頁）。また、元日には特定の井戸や泉に神聖な水が通ってくると信じられ、新しい水を汲みに行くいわゆる若水迎えの行事も広く行われているが、これなども古代の常世信仰の名残にほかならない。

いまもいったように、初春に常世から打ち寄せる海水は「すで水」と呼ばれる。すで水とウブスナは、ある意味ではよく似ている。すで水は蘇生の水とされるように、消耗した魂をあらたに蘇生させるはたらきがある。人間の魂は一年が経過すると消耗するから、年のはじめに聖水で水垢離をとり、魂の更新をはからなければならない。すで水はそのための霊力のある海水である。一方のウブスナだが、これは赤子がこの世に生を受けるときになくてはならない魂の砂である。すで水は海水だから塩分を含んでいるし、ウブスナは渚の砂で、海水に洗われたその砂にも当然ながら塩分が含まれている。水と砂の違いこそあれ、いずれも塩分を含むという点で共通している。

海水は潮ともいわれるように、潮と塩は語源的にも同根とされる。潮には塩分が含まれ、海水を煮詰めて塩がつくられることを考えると、潮と塩はもともと同じもので、のちに海水の潮と区別するために後者に「塩」という漢字をあてるようになったのだろう。塩にはものの腐敗を防いだり、あらゆるものを浄化したりするはたらきがある。潮は塩でもあるから、海水にも同じように不浄を祓う呪力があると信じられたらしい。海水に洗われた渚の砂に呪力があるのは、どうやら海水に含まれる塩分に関係があるようで、野本寛一氏も、「潮・塩・砂の三者は海という共通の場を通じて、ともに深いかかわりを持っている」と述べている（同前、二七五頁）。それらは人間の生命を支え、ものを浄化したり、不浄を祓ったりする力がある。潮と塩と砂の三者はもともと明確に区別されることはなかったのだろう。いずれも常世から運ばれてくる呪力を帯びた神聖なものという点で違いはなかったからだ。

初春に打ち寄せる海水はすで水と呼ばれ、また海辺に建てられる産屋の砂はウブスナと呼ばれた。すで水もウブスナも魂を更新するにはなくてはならない聖なる水であり砂であった。魂は生命の根源であり、その魂も常世からやってくる。ウブスナは常世波が運んでくる霊力のある砂であり、生まれてくる赤子はこのウブスナから魂をもらい受けるものと信じられた。お産のとき産屋の土間や産褥の下にウブスナを敷くのも、産み落とされた赤子がウブスナに触れることで魂が体内に注入されると考えたのである。

生まれたばかりの赤子が最初に触れるのはウブスナであった。ウブスナは渚の砂だから塩分を含んでいる。このことは人間の生命を考えるうえで示唆的である。地球上で最初の生命が誕生したのは海であり、海水は生命をはぐくむ揺籃であった。母胎のなかの羊水は海水と化学組成が似ているといわれるように、これも生命の誕生の秘密と関係があるのだろう。母胎とそのなかの羊水はいわば小さな海であり、その小さな海のなかで人間の生命ははぐくまれ、そして胎児へと成長する。その成長過程は生命の進化とも重なり、最初の生命をはぐくんだ原初の海を記憶しているのは、もしかしたら私たちの身体の細胞かもしれない。身体が体力を消耗して軽い脱水状態になると、私たちは水分のほかに塩気のものを口にしたくなる。これも身体の防衛本能がはたらくせいだろう。塩は人間の生命を維持すのに欠かすことができないし、そのことから塩分を含む海水や渚の砂に生命を蘇生させる力があると古代人は考えたにちがいない。すで水やウブスナに魂を蘇生させたり更新したりするはたらきがあると信じられたのも、要はそれらが塩分を含んでいるからだといえよう。

常世波が運ぶ海水の砂

潮・塩・砂はものを浄化し、魂を蘇生させるはたらきがあると信じられた。三者はもともと同じもので、時に応じて使い分けられたにすぎない。古代の産屋が海辺に建てられたとすると、生まれたばかりの赤子が最初につかうウブユも海水であったと考えるのが自然であろう。ウブユが蘇生の水であり、霊力ある水とされたことは折口信夫がすでに述べている（「貴種誕生と産湯の信仰と」「皇子誕生の物語」など）。古代の生命観によれば、赤子の誕生は新生というよりも再生と考えられ、ウブユはそのときの蘇生の水とされた。あの世からこの世によみがえるときの一種の禊の水である。そもそも生まれたばかりの赤子は、この世のものともあの世のものともつかない中間的な存在である。赤子にウブユを使わせることで、赤子はあの世からこの世に再生する。ウブユを使わせることはあの世からこの世に蘇生させる呪術的な行為であって、その水も元来は海水であったと考えられる。

赤子が生まれてまもなく海辺に連れていく風習は各地に残されている。この風習はかつて海水でウブユを使わせた名残と考えられる。たとえば沖縄で行われている「川降り」もそのひとつで、牧田茂氏の説明によれば、伊計島では赤子が誕生して数日後に川降りを行う。丈夫な子供を二、三人産んだ女性が桶を持ち、健康な七、八歳の女の子が汚れた着物を頭にのせてインナ川で水を汲み、その前の海で汚れを洗う。インナ川で汲んだ水はウブミズといい、冷たいうちに赤子の額に指でつけるようだという。これを初水を拝ませるといっている。それから残りの水で湯を沸かし、赤ん坊にウブユをつかわせるという（『人生の歴史』）。この場合のウブユは海水ではなく川の水のようだが、もとは海水であったのだろう。川の水は海水の代用ではないだろうか。かつて海水でウブユをつかわせたことが、この儀礼から推測できるのである。

また出産を終えた産婦が床ばなれをするときにも禊をするならわしがあった。和歌山県田辺では、床ばなれのことをシオアガリといい、腰湯の湯に少量の塩を加えることから、その名があるというが（『産育習俗語彙』、五六頁）、これも海水で禊をした名残ではないだろうか。禊をするのは出産がケガレとみられていたからである。しかしケガレといっても汚いとかけがらわしいという意味ではなく、出産そのものがこの世とあの世の境界で行われる異界的な行為であったからだ。産婦が産屋にこもってお産をするのもそのためで、産屋はいわば内なる異界であった。したがって出産を終えて産屋を出るのは異界からこの世に復帰するという意味があり、産婦が床ばなれをするさい禊をするのも、異界から日常世界にもどるための必要な手続きであった。禊は聖から俗へ、逆に俗から聖へ移行するときに行われるもので、禊には別の次元に転換させるはたらきがある。別の次元に移行することは一種の再生でもあるから、それには蘇生の水である海水が最もふさわしいと考えられたのである。

出産と同じく葬式もケガレである。昔は葬式から帰ると、近親者は浜辺に出て海水で禊をしたらしい。金久正氏によると、奄美大島では、最近まで葬儀に参加したものは終了後、かならず海に行き、海水で禊をする習慣があった。波打ち際で海水を三度、前にはねて、次に海水を手ですくって額をなで、それを口に含んで口をそそぐ。これをウシユツカユル（うしほにつかる）という。この表現から察するに、古くは全身を海水に浸したのだろうと金久氏はみている（『奄美に生きる日本古代文化』、一七八頁）。

古い時代といえば、弥生時代後期の日本の習俗を知るうえで参考になるのが『魏志倭人伝』である。そのなかに当時の日本の葬儀の様子を伝える記事があり、「已に葬れば、挙家水中に詣《いた》りて澡浴《そうよく》し、以て練沐《れんもく》の如くす」とある。埋葬が終わると一家をあげて水のなかに入り、体を洗い、練（ねりぎぬ）を着て水に浴するとあるように、死のケガレや不浄を祓うために沐浴をしたことがわかる。ここでいう「水中」はかならずしも海水とはかぎらないといわれるかもしれないが、すでに述べたように、海水に含まれる塩分にケガレや不浄を祓う呪力があることを考えると、禊の水といえば、本来は海水であったはずである。海辺から遠く離れた山里であれば、海水のかわりに川の水で禊をしたのだろう。

砂と魂

群馬県惣社町では葬儀があると、葬家では会葬者の帰来に先立ち、紙に立臼の形を描き、塩とともに戸口に置き、その前方に盥《たらい》を据え、葬儀から帰った人々は、この盥で洗足のまねをし、塩を振りまき穢れを払ったあと、家に入るのがつねであったという。これは中山太郎氏が「碓の話」という論考のなかで紹介している（『信仰と民俗』、三三二頁）。とくに注目したいのは、盥で洗足のまねをし、塩を振りまき穢れを払ったとあることで、一時代前は、盥に塩水を入れて、その水で足を洗ったことが想像できるし、海水で禊をした古い時代をしのばせる風習である。

ともかく海水で禊をするのは、出産を終えた産婦の床ばなれと同じく日常生活に復帰するための作法であって、今日、葬儀に出席すると、帰りにお清めの塩を渡されるのも、海水で禊をした遠い昔の名残といっていい。海水で禊をするのは、あの世からこの世に蘇生するときの作法であり手続きであった。赤子の出産も魂の再生であり蘇生である。ウブスナ、ウブユ、シオアガリなど、出産儀礼の多くに海水や渚の砂が使われるのも同じ理由による。常世波が運んでくる海水や砂には霊力がある。その霊力も、もとはといえば海水や砂に含まれる塩分に由来するわけで、その塩分に呪力や霊力の根源を認めていたのである。

このようにお産のときに使われるウブスナは古代の常世信仰の流れをくむものであり、それは常世波が運んでくる霊力のある砂のことであった。常世波そのものが常世の息吹を吸いこんで霊力を帯びているから、その波によって運ばれてきたウブスナにも霊力があり、魂が付着していると信じられたのである。ウブスナは広い意味では砂の霊力の信仰に含まれるもので、その源流は古代の常世信仰までさかのぼることができるのである。

ウブスナは渚の砂に霊力を認めるわけだが、砂は古代ではイサゴ（以左古）とかスナゴ（須奈古）と呼ばれていた。イサゴは「石子」という意味であろう。『岩波古語辞典』もイサゴを石子の意味だとしている。『和名抄』の説明では、砂は「水中細礫也」とあり、水中にある細かい礫《さざれいし》のことだという。石が水流に砕かれて小さくなったのが礫だから、砂はいわば石から生まれた子ともいえる。砂がイサゴ（石子）と呼ばれるゆえんであろう。現代人の感覚では砂といえばさらさらした顆粒状のものをいうけれども、古代人は小粒の石を意味するさざれ石もまた砂と呼んでいたのである。『万葉集』には、

信濃なる　千曲《ちくま》の河の　細石《さざれし》も　君し踏みてば　玉と拾はむ　（巻一四―三四〇〇）

と歌われている。信濃の千曲川のさざれ石も、君が踏まれたなら玉と思って拾うことだという。真珠のような美しいかたちをした小石はタマ（珠・玉）と呼ばれ、魂（タマ）が宿ると信じられたから、愛しい人が踏んださざれ石にも彼女の魂が宿っているにちがいない。そんな思いがこの歌にはこめられている。『万葉集』にはほかにも玉を拾う歌

が何首か収められていて、その多くが美しい小石や真珠を指している。

　このような美しい小石や真珠はもともとこの世にあったのではなく、常世からはるばる波に運ばれて海岸に打ち寄せられるものと古代人は信じていた。常世から運ばれてくるゆえに魂が宿っているのである。『古事記』の語るところによれば、タマヨリビメ（玉依毘売）は海神の娘トヨタマビメ（豊玉毘売）の妹とされる。松前健氏は、タマヨリビメのタマヨリは「海から寄り着いた石（玉）」の意味だとしているが（「文献にあらわれた火の儀礼」）、するとタマヨリビメは常世から寄り着いた玉が神格化したとも考えられる。タマヨリビメは姉トヨタマビメが産んだウガヤフキアエズノミコトと結婚し、五瀬命《いつせのみこと》、稲氷命《いなひのみこと》、御毛沼命《みけぬのみこと》、神倭伊波礼毘古命《かむやまといわれびこのみこと》の四人の御子をもうける。そのうちの御毛沼命は波頭を踏んで常世の国に渡ったとあるから、これもタマヨリビメと常世との関係を示唆しているように思われる。いずれにしても美しいかたちをした小石や真珠は常世から波に運ばれてきた神聖なものとみなされ、魂の依代とされた。

砂の呪力

　敦賀湾における海村の産屋の習俗については前章で紹介した。西山やよい氏の報告にもあったように、敦賀湾に面した部落では産屋に敷くウブスナは細かなさらさらの砂ではなく、梅の種ほどある荒砂であった。この荒砂もさざれ石に近い。『和名抄』が説明するように、古代の砂がさざれ石であったとすると、海辺に設けられた産屋の土間にもたぶんさざれ石が敷かれたのだろう。玉のような小石を魂の依代とみた古代人は、さざれ石にもウブ（魂）が宿ると考えた。梅の種ほどある荒砂をウブスナとする敦賀湾の部落の風習は、意外にも古代の遺風を伝えるものではないかと私は考えている。

　これに関連して思い出されるのは、辰巳和弘氏が紹介する古墳時代の遺跡である。それによると、紀州田辺の海蝕洞窟、磯間岩陰遺跡の浅い洞窟の最奥部に設けられた五号石室では（五世紀後半）、アジサシを胸に抱いて葬られた六歳位の少年が、海岸から運んできた小粒の礫を敷いた床に横たえられていた。磯間岩陰遺跡では、五号石室から約八メートル離れた六号石室（五世紀後半）でも、やはり海岸の小礫を敷きつめていたという（『「黄泉の国」の考古学』、七二—三頁）。古代人からみれば、海蝕洞窟は海の彼方にある他界（常世）への入り口であり、「生命の誕生と旅立ちの場」であった。別の言い方をすれば、この世とあの世の間で魂のやり取りが行われる場であった。人の死は魂がこの世からあの世へ旅立つことであり、逆に人の誕生は、あの世からこの世に魂が帰還することである。石室と産屋はいずれも死と再生が行われる場であり、床に小礫が敷かれていたのも偶然ではなく、小礫は魂の依代、もしくは魂そのものとみられていたのだろう。石室の床に敷かれた小礫は死者の魂が無事にあの世に旅立つようにとの願いがこめられている。また産屋の床に敷かれた小礫は、これから生まれようとする赤子の体内に入るべく魂の依代として考えられていたのである。

さて、古代の産屋が海辺に建てられたことは記紀などの古い文献によっても明らかである。やがて産屋が海辺から遠く離れた山里に建てられるようになると、産屋の土間に敷くウブスナは川砂で代用したり、あるいは神社の境内の砂で代用したりするようになる。後者の例ではとくに京都の梅宮大社が有名で、その故事に関しては前章で述べたとおりである。

谷川健一氏は、敦賀の気比《けひ》神宮の白砂について興味深いことを述べている。それによると、この神社の白砂もウブスナときわめて強いつながりがあって、芭蕉が有名な句「月清し遊行のもてる砂の上」をものしたのは、実は気比神宮が舞台であったという。芭蕉が神宮に詣でたのは夜であった。折からの月明かりに神宮の白砂が霜を敷いたようであったことから、その昔、遊行上人（二世）が神社の境内に砂を敷いた故事を思い出したのだという。気比神宮のすぐ近くには砂浜がある。ところが遊行上人が境内まで運んできたのはこの砂浜の砂ではなく、気比神宮から二里も離れた常宮《じょうぐう》海岸の砂であった。常宮には神功皇后を祀った常宮《つねのみや》神社がある。この神社では常宮海岸の砂をお賽銭がわりに奉納する習慣があり、五月にはその砂を集めて境内に敷く「砂持ち行事」が行われる。気比神宮でも参拝者が砂袋をもらい受け、自分の家屋敷の隅に砂を撒いて邪気を払う風習がある。また常宮海岸の周辺には昔から産屋が建てられ、産屋でお産をする習慣がつい最近まで続いてきた。常宮神社も安産の神として信仰されている。以上のことを考え合わせると、遊行上人がわざわざ常宮海岸の砂を気比まで運んできたのは、その砂に特別の効験があったからだと谷川氏は推測している。つまり「ウブスナの呪力または霊力」が常宮海岸の砂にはあったのだという（「古代人のカミ観念」）。

敦賀の常宮海岸の産屋についてはすでにみたとおりである。その産屋の土間に敷くウブスナと気比神宮の故事をつなぎ合わせて考えると、ウブスナの意味がより鮮明になるのではないだろうか。

古代の産屋は海辺に建てられた。土間には渚の砂が敷かれ、その砂はウブスナと呼ばれた。ウブスナはもともと常世から波に運ばれてきた聖なる砂であり、それゆえに呪力や霊力があると信じられた。のちに産屋が海辺から離れた山里にも建てられるようになると、産屋の床に敷くウブスナも神社の境内の砂で代用するようになった。常宮海岸の砂をわざわざ境内まで運んだという気比神宮の故事は、神社の境内の砂がなぜウブスナと呼ばれるのか、その消息を語るものとして興味深い。神社の境内の砂はのちに同族神や氏神と習合され、一種の神格をもつようになる。それが産土神であり、安産や子授かりの神として信仰を集めるようになる。

渚の砂が尊ばれたのは塩分が含まれているからで、潮と塩と砂の関係についてはすでに述べたが、海水や砂に含まれる塩分に浄化力を認め、また生命を蘇生させる霊力や呪力もそれに由来すると考えたのである。しかしウブスナが神社の境内の白砂や近くを流れる川の砂で代用されるようになると、やがて砂に含まれる塩の意味が忘れられ、砂そのものに浄化力や霊力を認めるようになる。神社の境内の白砂を安産の守りとするウブスナには、すでに塩に対する信仰はほとんど認められない。産屋が海辺から離れた地に建てられるようになると、ウブスナは砂そのものへの信仰へと変わっていく。それだけ常世信仰の影が薄くなったということである。

ウブスナと砂の信仰

ウブスナが神社の境内の砂や川砂で代用されるようになると、砂もさざれ石のような荒砂からさらさらの砂に変わっていったようである。常宮神社や気比神宮の例をみてもわかるように、神社と渚の砂とのかかわりはもともと深かった。お賽銭がわりに奉納された砂を集めて境内に敷く常宮神社の「砂持ち行事」は邪気を払う効能をうたっているようだが、そもそも神社の砂には神の座という意味があり、境内に砂を敷けば、そこは神が降臨する依代になった。神事で渚の砂が特別な砂、神聖な砂として使われるのもそうした意味合いが強い。野本寛一氏が指摘するように、たとえば神輿の渡御には海辺から運んできた清浄な砂を神の座に敷きつめる。古い神社の社殿やその周辺にも砂を敷いたりする。また地鎮祭では四隅に忌み竹を立て、その根元に砂を盛ることも行われる（同前、二六八—九頁）。砂を敷いたり砂を盛ったりするのは、そこが聖域であることを標示するためであり、この場合の砂には神の依代という意味がある。

また京都の賀茂別雷神社の社頭には円錐形のみごとな盛砂がつくられている。銀閣寺でも円錐形の盛砂と砂を敷きつめた向月台の庭がよく知られている。庭一面に敷きつめた白砂には、身が引き締まるような神聖さが揺曳しているようである。禅寺の石庭や枯山水の庭にもきれいな箒目の入った敷き砂がみられる。神社仏閣という聖域にとりわけ砂の庭が多いのも、砂のもつ神聖さや浄化力と関係があり、この砂ももとをたどれば渚の砂の信仰に由来するとみていい。常世波にのってはるばる常世から運ばれてきた砂ゆえに霊力がある。神社仏閣を中心にみられる砂の庭も、その根幹にあるのは砂の霊力の信仰であり、しかもそれは広く日本の文化にも浸透している。いまここで問題にしているウブスナにしても、同じ砂の信仰という文脈のなかに位置づけることができるし、それは遠く古代の常世信仰にまでその源流をさかのぼることができるのである。

大徳寺瑞峯院庭園（京都）。敷きつめた白砂にはきれいな箒目が入っている。

ウブスナには常世波が運んできた清浄な砂、霊力のある砂という意味があった。常世波が運ぶ聖水で水垢離をとれば魂が更新されると信じたように、常世波が運んできた神聖な砂を産屋に敷くことで、生まれてくる赤子の身体に魂を吹き込むことができると考えたのである。産屋に敷くウブスナも広い意味では砂の霊力の信仰に含まれるから、産屋が海辺から離れた地に建てられるようになれば、ウブスナを神社の境内の砂で代用するのも自然のなりゆきであった。これも時代の推移であろう。

ウブスナを神社の境内の砂で代用するようになると、ウブスナに別の意味がうまれる。すでに述べたように、神社の境内の砂は神の依代であり、ご神体でもある。したがって社頭の白砂を分けてもらうことは、霊験あらたかな神の分霊をいただくのと同じ意味をもつと考えられるようになった。こうしてウブスナは神と習合される。もともと呪力や霊力のある砂であったウブスナが神と習合されて一種の神格をもつようになった。これが産土神である。

砂を神の分霊とする考えは、たとえば巡礼霊場などでもみられる。四国には八十八カ所の弘法大師ゆかりの地をへめぐる巡礼路がある。小嶋博巳氏の指摘によると、四国の巡礼者たちは巡礼することをしばしば「お大師さまの道を踏ませてもらう」などというそうである（「地方巡礼と聖地」）。かつて弘法大師がへめぐった巡礼路を神聖なものとみなし、その同じ道を歩くことで大師にあやかろうとする。大師が歩んだ道、すなわちその土砂を踏むことに意義があるわけで、巡礼霊場を移すときも、札所の本尊を象徴するものより土砂のほうが重視されたという。霊場開創には土砂の勧請が大きな意味をもっていたのである。また「お砂踏み」と称して、「各札所の土砂だけを一か所に集め、その上を歩くことで巡礼の希求を満たそうとする方法すらある」という。要するに集めてきた各札所の土砂を踏むだけで、実際に巡礼したのと同じ効果が期待できるとされる。

これは梅宮大社の故事を思い出させる。前章で述べたように、檀林皇后橘嘉智子が社に祈願して仁明天皇を産んださい、境内の白砂を産褥の下に敷いて安産した。その故事にならって、社頭の白砂が安産の守りとされるようになった。檀林皇后が産褥の下に敷いた白砂を安産の守りとする発想と、四国の巡礼者たちの土砂に寄せる思いは基本的には同じである。巡礼者たちが土砂にこだわるのはほかでもない、日本の巡礼は目的地に到着することよりも、そのプロセスのほうが重視されたからだ。栗田勇氏は、日本の神があの世とこの世を往来することから、日本人の聖地への巡礼も「神の往来をなぞるもの」だと述べている（「聖地と巡礼」）。すると四国の巡礼では、大師ゆかりの霊場の土砂を踏むことで、大師がへめぐった巡礼路をみずからもなぞることができると考えたのであろう。霊場の土砂には大師の分霊が宿っている。だからその土砂を一か所に集めて、それを踏めば、大師が歩んだ同じ道をなぞることができる。それは実際に霊場を巡礼するのと同じ意味をもつのである。巡礼者の土砂に対する発想はウブスナ同様に砂の信仰にもとづいている。土砂もウブスナも聖性を帯びているから、それに触れることで、その聖性を身体に感染させることができると考える。いわゆる感染呪術である。

絵巻に描かれたウブスナ

ところで、ウブスナを神社の境内の砂で代用する風習は平安時代にはじまり、中世になって盛んになったらしい。保立道久氏が指摘するように、この時代の絵巻にもウブスナを描いたものがある（『中世の愛と従属』、一九五―九頁）。たとえば「年中行事絵巻」巻一三は城南宮祭を描いた場面であろうか、周囲を板垣でかこった境内のなかは人の波でごったがえしている。雑踏のなか、ムシロを前にして二人の女がすわっているのが見える。女は手に何かを持っている。ひとりは扇子、もうひとりは鼓で、女はどうやら巫女のようである。この絵巻のほかに巫女を描いたものとして「馬医草紙」があり、ここでも巫女は鼓を手にしているから、鼓は巫女の所持品のひとつであったらしい。

ムシロの上には何かが盛られている。保立氏はこれを盛砂とみる。巫女の画像の多くに盛砂がみられるからだという（同前、一九六頁）。そしてムシロを間にはさんで市女

「馬医草紙」に描かれた巫女。（重要文化財・東京国立博物館所蔵）
Image : TMN Image Archives　Source : http://TmnArchives. jp/

巫女と盛砂。（京都大学文学研究科所蔵）

笠の女性二人が巫女と対座している。二人とも巫女から祈祷を受けている様子である。市女笠の女性は後ろ向きで顔は見えないが、姿から判断すると若そうだ。何のために祈祷を受けているのだろうか。女性が祈祷を受ける理由はいろいろ考えられる。保立氏は市女笠の女性が懸帯を背中に結んでいる点に注目し、懸帯は何か目的をもって寺社参詣するときの風俗だという。若い女性の寺社参詣の目的といえば、恋愛か出産に関することであろう。とくに出産は今とはちがって妊婦の死亡率も非常に高く、それこそ命がけであった。おそらく祈祷の目的は安産祈願か、さもなければ子種をさずかるためではないかと推察される。もしそうだとすれば、この盛砂の正体もはっきりする。つまりこの砂はウブスナであり、祈祷が終わったあと、巫女から砂を分けてもらうつもりなのだろう。

再三述べるように、京都の梅宮大社は子さずかり、安産の神として有名である。境内の砂はウブスナとも呼ばれ、梅宮の代名詞にもなっている。社頭の白砂を産褥の下に敷いて安産した檀林皇后のひそみにならって、その後、女性たちが社頭の白砂を安産のお守りにするようになった。「年中行事絵巻」に描かれたウブスナも安産祈願や子宝をさずかるためのお守りという意味があったのだろう。巫女から分けてもらったウブスナを女性たちは家に持ち帰り、産

出産の場面。「北野天神縁起」巻八（北野天満宮所蔵）

褥の下に散布して子宝にめぐまれることをひそかに願ったのかもしれない。神社の境内の砂は安産や子授かりのお守りとして女性たちから篤い信仰を集めていた。その様子は中世の絵巻をとおして垣間見ることができる。

もともと産屋の土間に敷くウブスナも、中世になると安産祈願のお守りという意味合いが強くなった。実際の出産の場でウブスナはどのように扱われていたのだろうか。そのことを知る手がかりが絵巻に残されている。「北野天神縁起」巻八には妊婦をはじめ出産にかかわる人々を克明に描いた場面があって、当時の出産の様子を知るうえで貴重である。この場面についても保立氏は詳細に分析しているので、その意見を参考にしながら話をすすめていきたい。まずは画面の全体から見ていくことにしよう。

網代垣の塀にかこまれた立派な屋敷のなかを描いた場面である。御簾をたらした奥の座敷が産室で、床は青畳が敷きつめてある。産室の手前の簀子に立って魔除けの鳴弦を鳴らしているのは主人であろう。庭では陰陽師が祭文を読み上げている。ふたたび産室のなかに目を転じると、いよいよ陣痛がはじまった様子である。妊婦のほかに四人の女性がいる。妊婦をうしろから支えているのが腰だきの女、手前の後ろ姿の若い女は介添えである。妊婦の左側は老女で、手に赤い輪のようなものを持っている。そして右側にいるのが巫女であることは肩にかけた数珠でわかる。数珠は巫女に特有の扮装であった。巫女はもっぱら加持と祈祷をもって出産の場に立ち会う。よく見ると、巫女は左手に折敷を持ち、そこから何か白いものをひとつかみして床に撒いている。これを保立氏はウブスナとみている。手からさらさらと落ちるのを見ると、たしかに砂のようである。

『懸居雑録』の本居（うぶすな）の項には、「生産のとき、其氏神の社の土をとりて、産屋に散ことあり、かの梅宮より奉る砂是なり」とあるから、お産のとき産屋に砂を撒く風習がかつてあったらしい。そして京都の梅宮大社から分けてもらう砂がこれだという。さきにみたように、梅宮大社の砂はウブスナと呼ばれ、梅宮の代名詞とされていることを考えれば、産室に撒く砂がウブスナであることは間違いなさそうである。ウブスナは産褥の下に敷くだけでなく、床に撒くこともあった。保立氏も推測するように、絵巻で巫女が撒いているのはたぶん砂であり、ウブスナであろう。

巫女とウブスナ

一方、巫女が撒いているのは悪霊を祓うための散米ではないかといわれるかもしれない。絵巻ではたしかに砂と米の見分けはつきにくい。そこで絵巻以外の資料を参考にしてみることにしよう。たとえば謡曲の『俊寛』には散米を撒く場面が出てくる。「真砂《まさご》を取りて散米に、白木綿花の禊して、神に歩みを運ぶ……」とある。真砂は細かい砂のこと。日本古典文学大系本（岩波書店）の頭注は、「神前に撒く米の代わり」に真砂を撒いたと注釈しているが、私はむしろ逆ではないかと思う。手短に述べれば、かつて神前にお祓いのために撒くのは砂であった。それがのちに米に変わったのである。さらに近世になると、米のかわりに銭を奉納する習慣が生まれる。今日、私たちが神社にお参りに行くと賽銭箱が設けられているのはそうした事情によるわけで、さきにふれたように、敦賀の常宮神社では海辺の砂をお賽銭がわりに奉納する習慣があるが、これもお賽銭ではなく砂を奉納するのが古いしきたりである。したがって「真砂を取りて散米に」の解釈も、米のかわりに砂を撒くという意味ではなく、古式にならったとすべきであろう。米ではなく砂を撒く古い伝統にしたがったのである。

「北野天神縁起」巻八の産室の場面にもどると、巫女が撒いているのは砂だろうか、それとも米だろうか。しかしいまみてきたように、砂と米の違いはさほど大きな問題ではない。古式にしたがえば砂で、そうでなければ米ということになる。神に仕える巫女は古いしきたりに忠実であったとすれば、巫女が撒いているのは砂とみてさしつかえなかろう。巫女の画像の多くに盛砂が描かれているのも参考になる。

さて、巫女は加持と祈祷をもってお産の場に立ち会うといったけれども、この場面の巫女も口はなかば開かれ、何かを唱えているようである。絵巻を見るかぎり、巫女が実際にお産を手助けする様子はうかがえない。助産といえば、まず頭に浮かぶのは産婆だが、巫女は産婆とは少し違うようである。巫女と産婆の違いについて考えてみることにしよう。

産婆はトリアゲとかトリアゲババ、あるいはヒキアゲバアなどとも呼ばれる。大藤ゆき氏によると、産婆には二通りあるという。一つはたんに助産だけをする「技術的なトリアゲ」で、生児との関係は出産とともに切れてしまう。もうひとつは「精神的なトリアゲ」ともいうべきもので、子供が青年期に入るまで、あるいは一生の間、取り上げ親として親子の関係を持続するという。そして後者が古風な産婆の役目であったようだと大藤氏は述べている（『児やらい』、五七頁）。大藤氏のいう古風な産婆は生児と精神的なつながりをもっていた。この古風な産婆が、実は巫女の流れを汲むものであったらしい。すると「北野天神縁起」に描かれた巫女は産婆の前身と考えられる。

昔の産婆に巫女的な性格があったことは鎌田久子氏も指摘している。鎌田氏によれば、昔のお産は座産であったことから、自分で赤子を取り上げたり、へその緒を処理したり、要するに出産は本来ひとりで始末できるものであったという（「産婆」）。もちろん一般には産婆の手を借りることが多かったわけだが、その場合でも産婆が直接手をくだすことはなかったらしい。たとえば愛知県下では、トリアゲババサは産婦のそばにただすわっているだけで、実際の助産はしなかった。島根県邇摩郡馬路町でも、ヒキアゲ婆さんと、もうひとり腰だき婆さんをたのんだという。腰だき婆さんが技術的な産婆であったらしい。

トリアゲババアやヒキアゲババが実際に助産をすることはなかった。昔の出産が産神を迎えて行われる一種の祭事であったことを思い出していただきたい。出産の場に臨んで産婆が何も手をくださないのは、彼女が産神につかえる司祭者であったからで、産婆は直接お産を助けるのではなく、呪力をもって出産の場に臨んでいたのである。それが産婆の本来の役割であった。岩手県雫石地方では産婆のことをコナサセといい、以前は一様に口のなかで呪文を唱えていたという。また伊豆新島のハカセバア、ハカシンバも、いまは産婆のようにいわれているが、もとは難産に祈祷し、子供の成長をつかさどる人であったといわれる。『北野天神縁起』に描かれた巫女も何かを唱えているように見える。この巫女がどうやら産婆のルーツであったらしい。鎌田氏も、本来の産婆は「産神の司祭者あるいは産神の憑代となる巫女的性格をもつ者といってよいかもしれない」と述べている（同前）。産婆のルーツは巫女であった。したがって絵巻の巫女は古代的、中世的な産婆像を描いたもので、産神の司祭者として出産の場に臨席しているのである。

そして保立氏の説明では、巫女は産婦の陣痛のたびごとに全身の力をこめて神がかり、憑依し、トランス状態に入っていくのだという。トランス状態の巫女はからだ全体を震わせながら産室のなかを徘徊し、砂を撒いたのだろう。そしていよいよ赤子が生まれる寸前には、産室のなかは砂だらけになっているはずである。砂だらけの床といえば、産屋の土間にウブスナを敷いた古代の出産風景が目に浮かぶ。『北野天神縁起』が描いているのは中世の出産風景であり、産室の床は畳敷きである。土間と床張りのちがいはあっても、古代の産屋の風習がかたちを変えて受け継がれているとみていいだろう。

巫女は産神の司祭者として産神からウブをあずかり、生まれてくる赤子にそのウブをさずける。具体的には巫女がウブのよりましになり、産神からウブを身体に依りつかせる。巫女がトランス状態にあるのは、ウブが彼女に憑依したことを物語っている。そして巫女が手ずから砂を撒くことで、その砂にも魂がのりうつる。砂はむろんウブスナで魂が付着しているが、巫女の手から直接撒かれることで、魂がより活性化され強化されると期待されたのだろう。産み落とされた赤子はそのウブスナからウブ、すなわち魂をもらい受けるのである。

あの世から魂を引きあげる

人間が神に直接触れたり、神からじかにその意思を聴いたりするのはタブーである。巫女は神に仕える特別に選ばれた人間であり、神の意志を人間に伝える仲介者である。お産では巫女という司祭者が仲立ちとなって赤子は産神から魂をもらい受ける。巫女から赤子に魂が受け渡されるさい、それを媒介するのがウブスナである。図式的にいえば、産神→巫女→ウブスナ→赤子というプロセスを経て魂は赤子に受け渡される。巫女は産神の司祭者として産神からあずかった魂を赤子に受け渡すのである。巫女の役割をひとことでいえば、赤子に魂を付与することであったといえよう。

いささか理屈っぽくなったが、出産儀礼における巫女の役割を具体的に説明すれば以上のようになるだろう。生まれたばかりの赤子は、新しい魂を体内に注入されてはじめてこの世に生を受けたことになる。魂の仲介者としての巫女の役割がいかに重要であったかは、この絵巻によっても推察できる。のちに巫女は衰退するけれども、その役割はトリアゲバアとかヒキアゲババと呼ばれる産婆に受け継がれていく。出産に立ち会いながら、実際には手をくださない産婆の存在には昔の巫女の名残が感じられるし、産神や産土神の司祭者としての面影もちらついている。

誕生後三〇日目とか三三日目には、生児をつれてお寺や氏神に初宮参りをするのがならわしである。山口県大島ではトリアゲバアが生児を抱いて産土神へ参るが、これは「魂を入れてもらうため」だとされる（大藤、同前、一六一頁）。また初宮参りをオブイレ参りとか、たんにオブイレなどと呼んでいる地方もあり、この儀礼が赤子の魂の更新とかかわりがあることを示している。トリアゲバアが仲介役となって産土神から魂を入れてもらう。昔の巫女の役割をほうふつさせるようである。初宮参りの儀礼は、トリアゲバアという古風な産婆の前身が巫女であった消息を語るものであろう。

トリアゲバア、ヒキアゲババという名称も、かつて産婆が巫女であった名残をとどめるものではないだろうか。この名称について少し考えてみたい。まずトリアゲバアは産婆が赤子をトリアゲルことからそう呼ばれる。ヒキアゲババも同じで、ヒキアゲルという動詞形がもとになっている。出産のことをヒキアゲともいう（『産育習俗語彙』、二頁）。この場合のトリアゲル、ヒキアゲルにはどんな意味があるのだろうか。鎌田久子氏はこれらの言葉に言及し、「生前からこの世に子供の生命を引きあげる、この世の仲間に引き入れる」意味だとしている（同前）。またトリアゲバア、ヒキアゲババとならんでコトリオヤという名称も各地に残る。この「トリ」についても、嫁取り、婿取りなどのトリと同じで、やはり子供をこの世に引き入れることだとする。

トリアゲル、ヒキアゲルの意味は鎌田氏の説明でほぼいいつくされている。ただ「生前からこの世に子供の生命を引きあげる」という説明はいささか抽象的で、わかりにくいかもしれない。鎌田氏がいう生前には、漠然とした「あの世」という意味も含まれているようで、要するにあの世からこの世に子供の生命を引き上げることらしい。ここでいう子供の生命とは何だろうか。

古代の生命観によると、生命をつかさどるのは魂とされ、身体はその魂を入れる容器にすぎないと考えられた。人間の死は肉体の消滅であって、魂の消滅ではなかった。死者の魂は他界に送られ、そこで清められ、別の人間の身体に宿って再生する。生命の誕生は魂の再生でもあった。出産が産神を迎えて行われる一種の祭事であったのも、魂を他界から迎え入れることに重点がおかれていたからである。こうした古代の生命観に引き寄せていえば、あの世からトリアゲルのは生命というよりも魂と言い換えたほうがわかりやすい。したがってあの世からトリアゲルのは魂であり、その役割を担っていたのがトリアゲバアとかヒキアゲババと呼ばれる産婆であった。

あの世から魂を引き上げるのが産婆の本来の役割であったと考えたい。産婆の前身である巫女の場合は、その役割がもっとはっきりしていた。巫女はみずからの身体をよりましにして魂を依りつかせる。巫女がトランスといういわば異常な心理状態になるのは、他者の魂が自分の身体のなかに入り込んだためである。物の怪に取りつかれるのも理屈は同じで、古代文学は物の怪に取りつかれる話にはこと欠かない。たとえば『源氏物語』には産気づいた葵の上に御息所の生霊が取りつく場面がある。産婦には悪霊や生霊が取りつきやすいので、お産のときは祈祷や読経が行われる。しかしそれでも葵の上に御息所の生霊が取りついたのである。産室のとなりでは源氏が心配そうに見守っているが、どうすることもできない。その源氏の目に映った葵の上はまるで別人のようであった。「……声、けはひ、その人にもあらず変はりたまへり、いとあやしとおぼしめぐらすに、ただかの御息所なりけり」。外見は葵の上であっても、声も様子もまったく御息所その人であったという。身体のなかに別の人間の魂が入り込むと、身体は本人でも人格は別の人間にすりかわってしまう。物の怪が取りつくと、身体は同じでも人格がすっかり変わってしまうと考えられたのである。

ウブスナの伝統を受け継ぐ

身体と魂は別物であった。身体と魂がはっきり区別されていたことは、名前のつけ方をみてもわかる。昔は赤子が生まれると、とりあえず仮名をつける。これを新潟県西頸城郡根知村ではオブナという（『綜合日本民俗語彙』第一巻、二八四頁）。オブはウブと同じで魂という意味である。オブナを直訳すれば「魂の名」であり、要するに「魂につける名」という意味であろう。ウブスナが「魂の砂」で、「魂の付着した砂」とするのと同じである。牧田茂氏は、「日本人の古くからの考えでは、名は人間そのものではなく霊魂、つまりタマについていたようである」と述べている（同前）。生まれて最初につける名が仮名で、それからあらためて正式な名をつける。これが幼名、わらべ名である。そして成人式を迎えると、また名を改める。一人前になると魂も更新されるので、あらためて名をつけなおすのである。名はその人につけるのではなく、魂につけるものだからだ。

　名は魂につけるものだとすると、名づけ親も人ではなく神であったはずである。昔はよく神官に名をつけてもらったものだが、これも神に名をつけてもらう、あるいは神意によって名をつけるという気持ちのあらわれであろう。また赤子を抱いて辻に行き、最初に出会った通行人に名をつけてもらう風習も各地にみられた。辻はこの世とあの世の境界であり、そこで出会った見ず知らずの通行人を神とみて、名をつけてもらう。名は魂につけるものであり、したがって神官にしろ、辻で出会った見ず知らずの通行人にしろ、神の資格において名をつけてもらうのである。

　また葬儀のさい、棺が門を出るとき、一口だけ死者の名を呼び、そのあとを箒で掃く風習がある。これは死者の魂が家に残るのを恐れるためで、死者の名を呼ぶのはその人にではなく魂に呼びかけるのである。死者は文字通りすでに死んでいるし、死者に呼びかけても意味がない。ここはやはり魂に呼びかけているわけで、これもまた名が人にではなく魂についていることを示している。

　繰り返すようだが、オブとウブは同じ魂という意味で、オブナが魂につける名だとすると、ウブゴエ（産声）は「ウブの声」という意味ではないだろうか。一般に産声といえば赤子が最初にあげる泣声のことだと考えられている。しかしオブナ、ウブスナの意味からすれば、これもウブ（魂）の声という意味ではないだろうか。赤子は産み落とされた瞬間、体内に魂が注入される。ウブゴエはウブが赤子の体内に入ったことを知らせる合図でもあったのだろう。もしかしたら、昔の人たちはウブゴエを「ウブが発する声」として聞いたのかもしれない。オブナ、ウブスナ、ウブゴエのほかにも、ウブユ、ウブギ、ウブメシ、ウブイレなど、誕生後間もない赤子の産育儀礼にウブやオブを冠したことばがよく使われる。ウブユは魂が付着した聖水、ウブギは魂の付着した晴れ着、ウブメシは出産の前後に用意する飯で、産神の依代もしくはご神体である。ウブイレは前にも述べたように、生後間もない赤子の身体に魂を入れることで、ウブゴエもこれら一連のことばのひとつであって、魂の声という意味であろう。魂には大きく分けて二種類あり、とくに赤子や幼児の身体に宿る魂はウブとかオブと呼ばれ、成人のタマとは区別されたのである。

話をもどすと、産婆の前身が巫女であったことはすでに述べた。巫女の役割は生まれてくる赤子の身体に魂を注入することであり、だから分娩を手助けすることはなかった。もっぱら魂のよりましに徹していたからである。しかし産婆は巫女ではないから、魂を憑依させることもなければトランス状態になることもない。せいぜい口のなかで祈祷を唱えるくらいである。何もしていないように見えるのはそのためで、産婆は赤子の魂の管理者として出産の場に立ち会うのであって、その伝統は巫女から受け継いでいたのである。

すでに紹介したように、島根県邇摩郡馬路町では、お産のときヒキアゲ婆さんともうひとりコシダキ婆さんをたのんだという。コシダキ婆さんは実際に助産をするいわば技術的な産婆である。技術的な産婆は分娩を手助けするわけだが、しかしこの場合、赤子の魂まで取り上げることは期待されていなかったように思う。しいていえば魂の容器である肉体だけを取り上げる。それが技術的な産婆の仕事であった。魂を取り上げるのは、ヒキアゲババとかトリアゲバアと呼ばれる本来の産婆の役割であった。魂を取り上げること、その容器である肉体を取り上げること、この二つはまったく別の事柄に属していた。だから役割分担もはっきりしていたのである。大藤ゆき氏は、産婆には助産だけをする「技術的なトリアゲ」と、生児と一生の間親子関係を結ぶ「精神的なトリアゲ」の二通りがあるといった。これも前者を「肉体を取り上げる産婆」、後者を「魂を取り上げる産婆」と言い換えれば、両者の関係はいっそうはっきりするのではないかと思う。二通りの産婆を必要とした背景には、人間の生命は魂と肉体からなるとする古代的な生命観がまだ尾を引いていたことを示している。

産婆の前身は巫女であったが、「北野天神縁起」絵巻でみたように、トランス状態になった巫女は産室の床にウブスナを撒いていく。そして生まれたばかりの赤子はそのウブスナから魂をもらい受ける。その基本的な構図は古代の出産風景とかわりがない。ウブスナは日本人の心のふるさとともいうべき常世からはるばる波に乗って運ばれた聖なる砂であり、魂の砂である。そのウブスナの伝統は巫女によって中世に受け継がれていった。少なくとも中世のウブスナには、まだ常世の息吹がかすかに感じられたのである。

Ⅱ　魂と肉体

第一章　闇の想像力

闇と恐怖

ここでふたたび闇について考えてみたい。すでに述べたように、私たちが闇のなかで体験するのは深さの次元である。しかし最近の都会では、夜の帳がおりても、あたりが闇のベールにつつまれることはなく、したがって空間の深さを感じることはない。ネオンや広告塔の明かりはいうにおよばず、二四時間営業の店舗の明かりがまるで常夜灯のように夜の闇を駆逐している。夜を昼の延長として生きる現代社会では、山間僻地にでも行かないかぎり本当の闇を体験するのはむずかしい。それなら人工的につくられた闇を体験してみるのはどうだろうか。たとえば長野県の善光寺には本堂の床下に戒壇と呼ばれる真っ暗な地下通路がつくられていて、ここは真の闇を体験するには格好の場所である。

本堂内陣の右側の奥が戒壇の入り口で、ここから床下に入って、ぐるりと一巡するのが順路である。入り口には梯子のような急な階段が設けられている。階段を下りて床下にもぐりこむと、そこはもう光のとどかない闇の世界である。あとは真っ暗闇のなかを手さぐりで前に進むしかない。闇は物質的で手触りのあるものだと私は前にいったけれども、もう少し具体的にいえば、何かどろりとした黒い液体のようなものが身体のまわりにまとわりつくような感じで、圧迫感がある。しばらくすると、胸が締めつけられるような息苦しさを感じ、そしてしまいには闇から受ける圧迫感が何とも名状しがたい恐怖感に変わり、早くここから脱出したいという思いが強くなる。やがて前方に出口の光がかすかに見えてくると、ほっとする。闇のトンネルを抜け外気にふれた瞬間、息苦しさと恐怖感から解放され、よみがえったような新鮮な気分になる。

戒壇は本堂の床下につくられた闇の空間である。ここがいわば胎内に擬せられているのは明らかで、胎内は死と再生の場であり、こもりの空間でもある。闇のなかに入るのは死を意味し、そこから抜け出すのは再生を意味している。私たちは死と再生を疑似的に体験することで、新たな生を獲得するのである。闇のなかの息苦しさと、そこから抜け出たときの解放感は、まさに死と再生の疑似体験と呼ぶのにふさわしい。

また戒壇についてはいまでも信仰が生きている。「戒壇のなかで死んだ人に会える」「もし四十九日までにお参りすれば、死者の霊魂にその闇のなかで会える」(五来重『宗教民俗講義』、三三頁)などともいわれ、戒壇はあの世につながる境界であり、内なる異界とも考えられているようである。実際、戒壇という闇のなかで体験した恐怖感をあらためて反芻してみると、その恐怖感の先には漠然とした死があり、それが死者の世界のイメージにつながるともいえる。闇が死のイメージ、死者の世界のイメージを喚起させるのである。

善光寺本堂の床下にある戒壇は死と再生の場であり、こもりの空間であるといったが、これはなにも善光寺にかぎったことではない。黒田龍二氏によると、かつて神社や寺院の床下はこもりや祭祀のための空間であったらしい(「床下参籠・床下祭儀」)。たとえば滋賀県大津市坂本にある日吉大社の本殿床下には参籠のための部屋が設けられている。奈良県十津川村の玉置神社にも本殿床下に広さ二畳ほどの部屋があり、入り口の扉を閉じるとなかは真っ暗だという。また「北野曼荼羅」や「法然上人絵伝」などの絵巻にも本殿の床下に人がこもっている様子が描かれているといい、寺社の本殿床下に参籠することは古代や中世では日常的に行われていたようである。

説経の「しんとく丸」にも持仏堂の床下にこもる話が出てくる。しんとく丸は河内の国、高安郡信よし長者のひとり息子で、長者夫婦が清水観音に祈って授かった子供である。長者夫婦はしんとく丸を寵愛し、幸福な家庭生活を送っていた。ところが母の突然の死によって、しんとく丸の命運は一変する。母の死後、後妻に入った継母は実子に家督を継がせようと画策し、しんとく丸を呪詛によって盲目にして醜い癩病者にしたあげく、家から追い出してしまう。

清水観音の申し子であるしんとく丸は、観音の霊夢に導かれ、業病本復のためいったんは熊野本宮に向かうが、最後は天王寺にもどってくる。そして天王寺持仏堂の縁の下に隠れて餓死を決心する。そこに巡礼姿に身をやつした婚約者の乙姫がしんとく丸を探しにやって来る。乙姫はしんとく丸と再会をはたし、そして観音からさずかった鳥箒の呪力でしんとく丸を本復させ、最後は長者として復活させる。乙姫との偶然の再会がしんとく丸を死の淵から救い出すわけで、しんとく丸の死と復活に女性の存在が大きな影を落としている。古い母子神信仰がかたちを変えて物語に結晶しているといってもいいだろう。それと同時に見逃せないのは、しんとく丸が持仏堂の縁の下にこもっていることで、寺社本殿の床下や縁の下が死と再生の空間であることを暗に示唆しているようである。岩崎武夫氏も、「縁の下、盲目という闇を連想するイメージが、次に訪れるしんとく丸の蘇生と浄化を意味する光明の世界にとっては、不可欠のいわば忌み籠りの状態

本殿床下にこもる（『日本絵巻物集成』第一五巻、雄山閣より。知恩院所蔵）

を暗示している」と述べている（『さんせう太夫考』、一一二頁）。床下や縁の下という闇の空間にこもることで、死と再生がはたされる。床下や縁の下は地下世界につながる境界であり、内なる異界であることがわかる。

このようにみてくると、善光寺本堂の床下にある戒壇は日本の古い伝統を踏まえたものであり、そして戒壇めぐりは、寺社本殿の床下にこもった古い時代の名残といえそうである。寺社本殿の床下という闇の空間にこもるのは、死と再生を期待するわけだが、それは一種のヨミガエリでもある。餓死を決心したしんとく丸が死の淵から生還するのもヨミガエリであり、盲目や癩病から本復するのもヨミガエリである。ヨミガエリは「黄泉還《よみがえ》り」という意味で、死んだ人、死にかけた人が命をとりもどすことをいう。「黄泉」はいうまでもなく日本の神話に出てくる黄泉の国のことで、古代人がイメージした死者の世界である。もう少し厳密にいえば、黄泉の国は死者が行く世界であり、ここから生還するのがヨミガエリ、つまりいったん死んだ人間がふたたびこの世にもどってくるという意味である。だから黄泉の国は死者の世界であると同時に、死と再生の世界でもある。

寺社本殿の床下にひろがる闇は忌み籠りのための空間であり、死と再生の空間である。黄泉の国もまた闇と深いかかわりがあり、寺社本殿の床下の闇の空間には黄泉の国の原イメージが揺曳しているといってもいいだろう。黄泉の国は古代人が紡ぎ出したいわば闇の想像力の産物である。黄泉の国を手がかりにして、古代人の闇の想像力について考えてみることにしよう。

黄泉の国と闇の世界

黄泉の国は広い意味での他界に属するが、黄泉の国の黄泉（ヨミ）は闇（ヤミ）と語源的には同根のようで、『岩波古語辞典』は黄泉《よみ》を「ヨモツのヨモの転。ヤミ（闇）の母音交替形か」としている。つまり黄泉の国のヨミはヤミ（闇）の転訛と考えられ、このことは『古事記』が語るイザナキの黄泉の国訪問譚を読んでみるとよくわかる。

イザナキの妻イザナミは火の神カグツチを産んだために女陰（ホト）に火傷を負い、それが原因で死んでしまう。夫のイザナキは亡き妻を連れもどそうと黄泉の国を訪れる。イザナミがいうには、私はもう黄泉の国の食べ物を食べてしまったので帰ることができない。しかしせっかく夫が訪ねてきてくれたのだから、いちど黄泉の国の神と相談してくるので、その間、私の姿を見ないでくださいという。ところが妻の帰りが遅いので、しびれを切らしたイザナキは妻のあとを追って御殿のなかに入り、御角髪《みみずら》に挿していた神聖な爪櫛《つまぐし》の太い歯を一本折り取って、これに一《ひと》つ火《び》をともして妻の姿を見てしまう。すると光に照らされた妻の身体はすでに腐りかけ、蛆がたくさんたかっている。妻の変わり果てた姿に驚いたイザナキがその場から逃げだすという有名な話である。ここで注目したいのは、イザナキが一つ火をともして妻の身体を見ていることで、これは黄泉の国が明かりをともさないと見えない闇の世界であったことを物語っている。黄泉の国は闇が支配する文字通り「闇の国」であって、『岩波古語辞典』が説明するように、黄泉（ヨミ）が闇（ヤミ）の母音交替形とされるゆえんであろう。

黄泉の国は闇が支配する暗黒の世界であり、これは現世との大きな違いである。しかし地理的には黄泉の国と現世は隔絶した世界ではなく地続きであったようで、このことはさきほどの黄泉の国訪問譚の続きを読めばわかる。

イザナキは妻から見ないでほしいといわれたにもかかわらず、その腐乱した屍体を見てしまった。いわゆる「見るな」の禁を犯したわけで、そのために黄泉の国の醜女《しこめ》たちから追跡されるはめになる。イザナキは追手を何とかやりすごしながら黄泉比良坂《よもつひらさか》まで逃げてきたところで、千引《ちびき》の石《いわ》を引いてきて坂をふさいでしまう。原文では「爾《ここ》に千引の石を其の黄泉比良坂に引き塞《さ》へて」とあり、千引の石は千人がかりで引くような大岩という意味で、また黄泉比良坂の「坂」は素直に読めば傾斜のある道、つまりスロープであろう。だが坂の同根語に「境《さか》」「界《さか》」があり、坂には境界という意味合いも感じられる。黄泉比良坂は死者の国と生者の国を分かつ境界でもあったはずである。かりに黄泉比良坂を坂道だとすると、たとえ大岩を引いてきたところで、それで死者の国と生者の国を分かつ境界になりうるかどうかも疑わしい。そう考えると、黄泉比良坂はたんなる坂道ではないらしい。具体的にはどんなところであったのだろうか。

西郷信綱氏は黄泉比良坂にふれて、この坂は「普通のたんなる山坂ではなく、地下へと通じる洞窟」（『古代人と夢』、一二四頁）だとして、その有力な根拠として次に引く『出雲風土記』（出雲郡宇賀郷）の一文をあげ、そこに「黄泉の坂」と「黄泉の穴」が同格とされている点に注目する。

> 北の海浜に磯あり、脳《なつき》の磯と名づく。高さ一丈ばかりなり。上に松生ひ、芸《しげ》りて磯に至る。（中略）磯より西の方に窟戸《いはど》あり。高さと広さと各六尺ばかりなり。窟の内に穴あり。人、入ることを得ず。深浅を知らざるなり。夢に此の磯の洞窟の辺に至れば必ず死ぬ。故、俗人《くにひと》、古より今に至るまで、黄泉の坂、黄泉の穴と号《なづ》く。

窟《いわ》は洞窟、窟戸《いわど》は洞窟の入り口という意味で、洞窟のなかにさらに穴があり、その深さはわからない。この洞窟のことを昔から「黄泉の坂」または「黄泉の穴」と呼んでいるという。「黄泉の坂」と「黄泉の穴」が同格とされているのは西郷氏が指摘するとおりで、古くは坂に「穴」という意味もあったらしい。つまり坂は坂道であると同時に穴でもあり、すると黄泉比良坂とは、西郷氏がいうように、具体的には「地下へと通じる洞窟」とみるのが妥当であろう。洞窟のなかはゆるやかな坂道になっていて、地下へと通じている。黄泉比良坂とはそんなところであったのだろう。

黄泉比良坂は地下へ通じる穴

黄泉比良坂の具体的なイメージを考えるうえで参考になるのが沖縄の古い墓穴である。沖縄は本土からみれば離島であり、歴史的にも仏教の影響が少ないことなどから、本土ではすでに失われてしまった古い信仰や風習が断片的なかたちで残されている場合がある。葬送に関する儀礼もそのひとつで、沖縄では洞窟や洞穴に屍体を収めて風化させるいわゆる洞窟葬が古くからいとなまれていた。たとえば池間島にはフルバカと呼ばれる古い墓穴がある。松居友氏によると、池間島の古い墓は内浦の海岸端の崖に掘られた横穴で、土の崖を掘ると横穴の手前に掘り出した土が斜めにつもり坂になる。この坂を「ヨワノイヤサカ」というそうである。ヨワノイヤサカとはあの世へ向かう坂という意味で、死体を墓に収めるときはこの坂をのぼって入れるが、そこはこの世とあの世の境界とされ、死者はここから祖先神の国へ向かうのだという（『沖縄の宇宙像』、一三五頁）。穴といい、坂といい、はたまたヨワノイヤサカという名称といい、池間島のフルバカは黄泉比良坂をほうふつさせるようである。

　また池間島の年寄りたちは「あの世は地面の下にある」といい、死者を墓に入れるとき死者に向かって「ジーヌスクンカイ　モリハリナー」というが、これは「地面の底の世界を歩いて行きなさいよ」という意味だという（同前、一三四頁）。ジーヌスクンカイは死者の世界、あるいは地下世界のことである。地下世界への入り口は大地にあいた穴であり、死者の骨を収める墓として利用された自然の洞窟などはその典型とされる。

　沖縄と同様に本土でも、かつては大地にあいた穴が死者の世界への参入口と考えられていたのだろう。そのことは『古事記』が語るイザナキの黄泉の国訪問譚から想像できるし、それによれば、その穴は黄泉比良坂と呼ばれ、この穴の奥に黄泉の国が想定されていた。黄泉の国は古代人が考える死者の国である。

　黄泉の国を訪問したイザナキは亡き妻の屍体が腐りかけているのを見て逃げ出す。恥をかかされたイザナミは、まず黄泉の国の醜女たちにイザナキのあとを追わせる。さらにイザナミの屍体から生まれた雷神たち、黄泉の国の軍勢もあとに続く。そして最後にはイザナミ自身も追いかけてくる。黄泉の国は死者の国だが、醜女は『和名抄』によれば「和名志古女　或説云黄泉之鬼」とされ、黄泉の国に住む女の鬼のことである。鬼は同じ『和名抄』に「或説云隠字、音於邇訛也、鬼物隠不欲顕形故俗呼曰隠也人死魂神也」とあり、ある説によると、鬼とは隠《おん》のなまりで、鬼物は隠れて姿を現すのを好まず、ゆえに隠と呼ばれる。また鬼は人が死んだ魂神すなわち死霊でもあるという。

　鬼といえば、昔話や伝説の世界でもなじみが深い。「瘤取り爺」の昔話にも鬼が登場し、酒盛りをする話がある。鬼が登場するのは夜のとばりがおりるころで、そして夜が白々と明けるころにはどこかへ消えてしまう。夜の闇のなかにひそんでいて姿を見せないのが鬼である。鬼（オニ）が隠（オン）の転訛とされるゆえんであろう。また「百鬼夜行」ということばがあるように、鬼を含めさまざまな妖怪が列をなして歩くのも夜であった。『今昔物語集』には鬼が夜陰に乗じて人を食い殺したり、物を盗み去ったりする話が多く語られている。夜の闇、あるいは物陰にひそんで姿を見せない鬼はまことに不気味である。黄泉の国の話に出てくる醜女は女の鬼で、黄泉の国の住人である。闇のなかをすみかとするのが鬼だとすると、黄泉の国という闇が支配する他界はまさに鬼の住む世界にふさわしいといえる。

さて、『和名抄』は鬼の正体を「人死魂神也」、つまり人が死んだ霊魂、死霊のことだと説明する。死霊はいうまでもなく死体から遊離した霊魂のことをいい、イザナミの腐乱した屍体から生まれた雷神、黄泉の国の軍勢も同じく死霊のたぐいであろう。そして最後に追いかけてきたイザナミだが、これもまた霊魂と肉体の統一体としての本人ではなく、彼女の死体から離脱した霊魂(=死霊)とみられる。肉体はすでに腐りかけているから、霊魂の容器としてはすでに機能不全に陥っている。黄泉の国の話でわかりにくいのは、同じイザナミのことを語るにしても、あるときは霊魂であったり、またあるときは肉体であったりと、霊魂と肉体がばらばらに登場することで、これは黄泉の国特有の事情による。

そもそも古代人の死生観によれば、人間は霊魂と肉体からなり、肉体は霊魂を入れる容器で、霊魂が中身である。肉体は滅びるが、霊魂は不滅である。だから人間の死は、正確にいえば肉体の消滅であって、かならずしも霊魂の消滅ではなかった。人が死ぬと、死者はまず黄泉の国へ送られ、そこで肉体と霊魂に分解される。肉体の腐敗がすすみ、骨だけになると、霊魂は肉体の桎梏から解き放たれて自由になる。とくに肉体から離脱したばかりの霊魂は荒々しく、場合によっては悪霊や災厄霊になって人にわざわいをもたらすことがある。その意味では、黄泉の国は死者の住む世界というよりも、肉体から分離した霊魂が跳梁する世界といったほうがふさわしいかもしれない。

岩の呪力で死霊を封じ込める

すでに述べたように、黄泉比良坂は死者の世界と生者の世界を分かつ境界であり、具体的には地下へ通じる穴であった。イザナキは命からがら逃げてきたところで、千引の石でこの穴をふさいでしまう。イザナキを追いかけてきた醜女、雷神、軍勢たちはみな黄泉の国の住人であり、死霊のたぐいである。最後に追いかけてきたイザナミもまた死体から離脱したばかりの霊魂、つまり死霊であった。もともと死霊は目に見えないが、イザナミの腐乱した死体から想像されるように、崩れゆく肉塊にたかる蛆《うじ》、屍体が発する腐臭、屍汁など、それらをひっくるめた死のケガレを擬人化したものであろう。醜女、雷神、軍勢たちにその具体的なイメージをみることができる。イザナキはこれらの死霊を封じ込めるために千引の石を引いてきて黄泉比良坂の穴をふさいだのである。

黄泉比良坂はこの世とあの世の境界であり、その境界を大岩でふさぐのは、死者の国のケガレが生者の国に及ぶのを防ぐためであって、ここでも沖縄の洞窟葬が参考になる。松居友氏によれば、池間島の古い墓は内浦の斜面に横穴を掘ったもの、自然の洞窟を利用したものなどがあって、いずれも穴のなかに死体を埋葬すると、入り口は石で封がされたという（『沖縄の宇宙誌』、八九頁）。これはイザナキが千引の石で黄泉比良坂の穴をふさいだ話とよく似ている。また酒井卯作氏も宮古島などの洞窟葬の例をあげ、死体を洞窟のなかに入れると、厳重に入り口を密閉してしまうと述べている。それは死臭を防ぐことにもなるが、むしろ本来の目的はムンの脱出を不可能にするためではないかという（『琉球列島における死霊祭祀の構造』、六〇六頁）。ムンは沖縄でいう死霊のことである。

『古事記』には、黄泉の国から帰ったイザナキが、「吾はいなしこめしこめき穢《きたな》き国に到りて在りけり、故《かれ》、吾は御《み》身《み》の禊為《みそぎせ》む」といったとある。私は何と汚らわしい国に行ってきたのだろうといって、筑紫の日向の橘の小門の阿波岐原に行き、禊をして身のケガレを祓ったとされる。イザナキが黄泉比良坂を千引の石でふさいだのも死霊すなわち死のケガレを封じ込めるためであって、石や岩にはそれらを封じる呪力があると信じられていた。ちなみに山に自生する柴にも呪力があり、日本の各地には「柴取り神」とか「柴折り神」の風習が残されている。これは生き倒れになった行路死人に柴を折って手向けたり、供えたりすることからそう呼ばれる。しかしもとは死者の霊魂を柴の呪力で封じ込めるのが目的のようで、昔話にも柴の呪力で悪霊や邪霊を封じ込める話がある。一例をあげると、岩手県江刺郡には「ひょっとこの始まり」という昔話が伝わっている。山へ柴刈りに行った爺さんが大きな穴を見つけ、こんな穴には悪いものが棲むといって、柴で穴をふさごうとする。柴にも悪霊や邪霊を封じる呪力があると信じられていたのである。柴で穴をふさぐのも、岩で穴をふさぐのも動機は同じで、要するに呪力によって死霊や悪霊を封じ込めるのが目的である。だからイザナキが黄泉比良坂の穴を千引の石でふさいだのも、その呪力によって目に見えない死霊を閉じ込めたとみるべきだろう。

　人間は霊魂と肉体の統一体だが、これも人間が生きているあいだだけのことで、死んでしまえば霊魂は肉体から分離する。もっとも、人が死んでも霊魂はただちに肉体から離脱するわけではない。肉体の腐敗と霊魂の純化は不可分の関係にあり、肉体が完全に腐敗しなければ霊魂も肉体から離脱することはできず、肉体の周辺に浮遊していると考えられた。イザナキが黄泉の国を訪問して亡き妻イザナミに会いに行ったのはちょうどこの時期にあたっている。霊魂が肉体から離脱しようと待機している状態である。肉体が腐敗し白骨化すると、霊魂は宿るべく肉体を失ってしまう。このときはじめて霊魂は肉体から完全に離脱し、そのふるさとともいうべき他界へ旅立つことになる。

　肉体の腐敗から白骨化までのプロセスをかりにモガリ（殯）と呼ぶならば、日本神話が語る黄泉の国には、どうやらモガリの風習が反映されているようである。黄泉の国の話にイザナミの腐乱した屍体が出てきたり、醜女をはじめ死霊のたぐいが登場したりするのもその傍証といえる。『日本書紀』一書（第九）には、「伊奘諾尊《いざなぎのみこと》、其の妹《いろも》を見まさむと欲《おもほ》して、乃《すなは》ち殯《もがり》の処に到《いま》す」とあり、イザナキが訪れた黄泉の国のことをずばりモガリの場だと述べているのは注目される。黄泉の国とは実は殯の場のことであり、すると黄泉の国は殯の場の別称ということになる。殯は人が死んで埋葬するまでの間、屍を棺に収めてかりに安置することをいう。その間、屍体は腐乱するにまかせるわけだから、殯は広い意味での風葬といえる。

魂と肉体のせめぎ合い

『古事記』と『日本書紀』とでは、同じ黄泉の国の話でも語り口に微妙な違いがみられる。いま紹介した『日本書紀』一書（第九）も例外ではなく、そのあとに続く話も『古事記』とは多少ニュアンスを異にしている。書紀からその部分を引いてみよう。

是の時に、伊奘冉尊《いざなみのみこと》、猶生平《なほいけりしとき》の如くにして、出で迎へて共に語る。已《すで》にして伊奘諾尊に謂《かた》りて曰《のたま》はく、「吾《あ》が夫君《なせの》尊《みこと》、請《こ》ふ、吾をな視《み》ましそ」とのたまふ。言訖《のたまふことをは》りて忽然《たちまち》に見えず。時に闇《くら》し。伊奘諾尊、乃ち一片之火《ひとつび》を擧《とも》して視《みそなは》す。時に伊奘冉尊、脹満《は》れ太高《たた》へり。

このときイザナミはまだ生きていたときのように夫を迎えて、ともに語り合う。イザナミは「わが夫の君よ、どうか私をご覧にならないでください」というやいなや、忽然と姿を消してしまう。暗かったので、イザナキが一つ火をともして見ると、妻の屍体は膨れ上がっていたという。

「どうか私をご覧にならないでください」ということばを残して、イザナミはその場から立ち去る。一緒に帰ろうという夫の提案に対して、イザナミは黄泉の国の神と相談するからといって姿を消したのである。このあたりは『古事記』の説明と何らかわりがない。違うのは次の場面である。暗闇のなかでイザナキが一つ火をともして見ると、姿を消したはずの妻が横たわっているではないか。これは矛盾というか、つじつまが合わないように思えるが、そうではなく、イザナキが見たのは妻の腐乱し膨れ上がった屍体であって、肉体と霊魂の統一体としてのイザナミではない。屍体は腐乱状態で、まだ骨化していない。肉体の腐敗がすすみ、完全に骨化してはじめて霊魂は肉体から分離することができる。イザナミの屍体はまだ腐乱状態であるから、霊魂は肉体から完全に離脱したわけではなく、屍体の周辺を浮遊している。「どうか私をご覧にならないでください」といって姿を消したのは、その霊魂であった。『古事記』の説明では、イザナキは黄泉の国の神に相談するといって御殿のなかに入ってしまう。妻の帰りが遅いので、イザナキが妻のあとを追って御殿のなかに入ると、そこに妻の屍体が横たわっていた。この場合の霊魂は屍体に寄り添うように、その周辺を浮遊しているようである。ここが『日本書紀』一書（第九）と『古事記』の説明の違うところである。屍体の腐敗にはいくつかの段階がある。生前と同じように肉体をとどめた状態から白骨に近い状態まで。『古事記』よりも『日本書紀』一書（第九）の話のほうが、腐敗がよりいっそうすすんだ状態といえるだろう。

イザナミは生きていたときのように夫のイザナキを迎えてともに語り合ったという。ここに登場するイザナミはむろん本人ではなく、その霊魂であり、しかもイザナキには妻の姿が見えていたということだろう。魂は通常は目に見えないが、生前と同じ姿で現れることがある。これを魂の影という。影についてはのちほど詳しくふれるとして、要するに魂が目に見える姿で現れたのが影であり、魂の仮の姿にほかならない。これは『古事記』の場合も同様で、イザナキが語り合ったのはイザナミ自身ではなく、その魂の影であった。

ところで、イザナキは妻の屍体を見て逃げ出すわけだが、イザナミは黄泉の国の醜女たちに夫のあとを追いかけさせる。イザナミはなぜ自分ですぐに追いかけないのだろうか。これはだれもがいだく素朴な疑問であろう。実はイザナミにしてみれば、自分で追いかけたくてもできない事情があったのである。イザナミの霊魂は肉体の桎梏からまだ完全に解き放たれていないので、霊魂の行動範囲がかぎられている。そのため、追いかけようにも身動きがとれない状態にあったのである。

そのうち黄泉の国の醜女たちのほかにイザナミの屍体から化成した雷神、それに軍勢たちも追手に加わる。そしてイザナミが追手に合流するのはいちばん最後であり、ここにいたってようやくイザナミの霊魂が肉体から分離して自由に動き回れるようになったことを示している。日本神話が語る黄泉の国の話とは、要するにイザナミの肉体が腐敗し骨化して、霊魂が離脱するまでのプロセスを描いたもので、西郷信綱氏がいみじくもいうように、「モガリの説話化」にほかならないことがわかる（『古事記注釈』第一巻、一七五頁）。

イザナキが訪れた黄泉の国とは殯の場であった。これは前にも引いたように、『日本書紀』一書（第九）が「伊奘諾《いざなぎの》尊《みこと》、其の妹《いろも》を見まさむと欲《おもほ》して、乃《すなは》ち殯《もがり》の処に到《いま》す」と語っている通りである。人が死んでもすぐに死体を埋葬するのではなく、殯という準備期間があればこそ、イザナキは亡き妻に会いに行くことができたのである。死は一瞬の出来事ではなく、ゆるやかに進行するものであり、そのことを具体的にあらわしたのが殯の風習である。殯は肉体の腐敗と骨化によって霊魂が肉体から離脱し、他界へ旅立つまでのプロセスをいう。霊魂が他界へ旅立つのは、霊魂の再生でもあるから、霊魂を中心に考えれば、殯は魂を他界に再生させるための準備期間のことだといえる。殯というと肉体が腐敗していく過程ばかりに目が奪われがちだが、霊魂からみれば、殯は他界に再生するための手続きであって、それを空間的なイメージとしてあらわしたのが黄泉の国である。『古事記』に描かれた黄泉の国は、殯という時間的な概念を空間的なイメージで語ったまでのことで、西郷信綱氏のことばを借りれば、「モガリの説話化」ということになる。

埋葬の意味

古代の葬送は大きく分けて殯と埋葬の二段階にわたって行われる。殯はすでに述べたように、屍を棺に収めて仮に安置することで、埋葬に移す前のいわば準備段階である。これは「葬」という漢字の成り立ちをみても明らかである。そもそも「葬」は「茻《ぼう》」と「死」とからなり、茻は原野のことで、死体を「叢中に一時遺棄してその風化したものを収め、それを祭ること」が本来の意味だとされる。複葬の形式があったことを示す字であるという（白川静『字統』、五四五頁）。また「葬《はふ》り」の動詞形「葬《はふ》る」は「放《はふ》る」と同根語のようで、一定期間を過ぎて埋葬することを「はふる」といい、完全に放り去る意であると『字訓』は説明している（六二六―七頁）。「葬る」は屍体を原野に遺棄し、風雨にさらして自然に消滅させる風葬の慣習を反映したことばである。沖縄の宮古島などでは、古くは葬式のことを「捨てに行く」といったそうで（『琉球列島における葬送儀礼の構造』、一九七頁）、これも風葬の長い歴史をもつ沖縄ならではといえよう。

また『名義抄』の「葬」の項には、「葬ハウフル、カクス、ハカ。殯ハブル」とあり、葬にカクス（隠す）という意味があるのは注目される。原野に屍体を遺棄するのは隠すという意味でもある。屍体を遺棄するといっても、そこはやはり人間のすることだから、ただ捨てるわけではなく、原野に自生する柴や草で屍体を覆い隠したことが想像される。ここでも沖縄に残る古いことばや伝説が示唆をあたえてくれる。現在の沖縄の墓は亀甲形、破風形と呼ばれる中国風の門柱墓が主流だが、酒井卯作氏によれば、新葬者が出ると墓前に仮屋をつくり、この仮屋のことを読谷村などでは「身かくし」というそうである。一方、恥蔽坂の伝説には、柴を折って死者を隠したという話があり、これは「身かくし」と関係があるのではないかという（同前、一一七―八頁）。かつて柴を折って死体を隠す風習があった。「身かくし」ということばはその名残であろうと酒井氏はみている。これは葬式のことを「捨てに行く」という宮古島の例とともに、「葬る」ということばのもとの意味を考えるうえで示唆的である。「身かくし」はいまでこそ仮屋だが、古くは柴で死体を隠すことをいったらしい。逆にいえば、柴で死体を隠すことが、のちに仮屋という建物に発展したのである。

なぜ柴で死体を隠すのだろうか。人の目に触れないようにするためだろうか。私はそうではないと思う。柴には呪力があり、その呪力によって死霊の拡散を防ぎ、また逆に悪霊邪霊から死体を守るためでもあったと考えたい。死体を隠すのは呪的な目的で行われたのだろう。それと同時に、霊魂の死と再生という象徴的な意味も考えられる。原野に屍体を遺棄する場合は柴などで覆い隠したが、また一方では岩の割れ目や自然の洞窟などを利用して、そこに死体を収容する葬法も古くから行われていた。屍体を隠すという点からいえば、後者のほうが一段とすぐれている。岸壁に掘った横穴や洞窟に死体を収める沖縄の洞窟葬などはその延長線上で考えることができる。

岩の割れ目や洞穴は大地の入り口である。母なる大地といわれるように、大地は母性原理を象徴する。大地の入り口は陰門であり、その奥は母の胎内をあらわしている。岩の割れ目や洞穴という大地の入り口に死体を隠すのは、母なる大地に死者を帰すという意味があり、人間は大地から生まれ、大地に還っていくという原始的な死生観の名残がみられるようである。ここであらためてエリアーデのことばが思い出される。「……生はただ大地の胎内を離れることであり、死は『その家』に帰ることである」(『大地・農耕・女性』、一〇〇頁)。人間は大地から生まれ、大地に帰っていくという信仰は多くの民族にみられる。岩の割れ目や洞穴という大地の入り口に死体を隠すのは死と再生にかかわる儀礼であり、太古の地母神信仰に起源をもつ古い葬法ということができる、地母神は大地を象徴する神であり、岩の割れ目や洞穴は地母神の陰門をあらわしている。大地の懐深くには満々たる水をたたえた水界が広がっていると考えられ、その水を羊水とみれば、そこはまさに地母神の胎内にほかならない。

死骸が散乱する墓地の風景

死体を隠すのは、亡骸を守るという意味もあるが、それ以上に霊魂の死と再生という象徴的な意味があったのである。とくに岩の割れ目や洞穴に死体を隠すのは、母なる大地に死者を帰して、ふたたびこの世に再生させるためであって、それは遠く太古の地母神信仰まで遡源できる古い儀礼ということができる。その意味では、自然の洞窟に死体を収める沖縄の洞窟葬にもその名残がみられるようである。ここで私は、柳田国男の『明治大正史』の一節を思い出す。そのなかで柳田は葬送の古い意味にふれながら、かつて亡骸は自然の懐に返すものであったと述べている。

祖先の記念は今の人が想像して居るように、文字を刻んだ冷たい石の塔では無かった。亡骸はやがて朽ち行くものとして、遠く人無き浜や谷の奥に隠して、之を自然の懐に返して居たのである。喪屋の幾日かの悲しい生活を終って還ると、字を知らぬ人たちはただ其辺の樹木の枝ぶりや、自然の岩石の形によって其の場所を覚え、時折の花をささげ涙を流しに行ったが、それが段々に移り変って行くと共に、末には忘れてしまうのが当り前のことになって居た（『定本柳田國男集』第二四巻、三〇九頁）。

なかなか味わい深い文章である。とくに「亡骸はやがて朽ち行くものとして、遠く人無き浜や谷の奥に隠して、之を自然の懐に返して居た」というとき、そこには地母神信仰まで視野に入れた柳田の温かいまなざしが感じられる。柳田もいうように、昔の人は亡骸にはあまり未練をもっていなかったようである。中世に描かれた「餓鬼草紙」の絵巻などを見てもそのことがよくわかる。たとえば第四段は鳥部野《とりべの》（京都市東山）を描いた場面であろうか。鳥部野は西の化野《あだしの》とならんで古くから葬所としてよく知られていた。画面を見ると、土を盛った塚、卒塔婆がいくつも立ちならび、あたりには髑髏《どくろ》や人骨が散乱している。さらに詳しく見れば、左上には棺のなかの膨満した屍体を食いあさる野犬、右手前にはムシロに横たわる老女の死骸

「北野天神縁起」に描かれた墓地の風景。（北野天満宮所蔵）

がある。散乱した人骨はあとで塚を築いて埋葬するのだろうか。これと似たような殺伐とした墓地の風景は「北野天神縁起」巻八にも見ることができる。ムシロの上に着物一枚かけただけの死体が横たわり、カラスと野犬が死体をつついている。その下には犬にほとんど食いつくされた死骸がころがり、無残な光景をさらしている。これらの死骸は一般の庶民であろう。庶民の場合は死体を葬所に放置したまま、カラスや野犬の餌食になるにまかせていたようである。

ともかく、昔の人が亡骸にほとんど無関心であった様子は、これらの絵巻によっても知ることができる。亡骸にさほど拘泥しなかったのは、たぶん肉体よりも霊魂に関心があったからで、肉体はやがて朽ち果てるが霊魂は不滅である。肉体が腐敗し骨化すると、宿り場を失った霊魂は他界に送られ、そこで清められ、やがてふたたび人間の身体に宿って再生する。人間の死は、他界からみれば霊魂の再生であり、したがって死と葬送にかかわる儀礼もまた霊魂の再生が最大の関心事であった。亡骸がほとんどかえりみられないのも、おそらくそのためであろう。

死体を原野に遺棄したり、葬所に野ざらしにしたりするのにくらべれば、岩の割れ目や洞窟に死体を隠すのは、一見、亡骸を丁重に扱っているようにもみえる。しかしこれも五十歩百歩で、やはり霊魂の再生が目的であって、かならずしも亡骸を大切に扱っているわけではない。岩の割れ目や洞穴は母なる大地の入り口であり、そこに死体を隠すのは、死者の霊魂を母胎に帰すという象徴的な意味がある。霊魂は母胎のなかにこもることで、他界に再生することができる。死体を岩の割れ目や洞穴に隠すのは、死者の霊魂を他界に送り返し、ふたたびこの世に再生させるためであった。

死と再生のエネルギーを封じ込めた容器

折口信夫がいったように、ものが誕生するにはカヒのような密閉された空間のなかにある期間こもっていなければならない。カヒは密閉された容器であり母胎である。このことは第二章でもふれたとおりである。カヒは卵の古いことばで、貝とは同根語とされるが、たとえば二枚貝が口を閉じたかたちは文字通りカヒであり、母胎という容器そのものといっていい。貝と母胎の関係からいえば、沖縄の宮古島などでは、生後三か月以内に死んだ嬰児の死骸はシャコ貝に入れて便所の中の方位に埋めたこともあった。大正末期ごろまで行われていた風習だという（『琉球列島における死霊祭祀の構造』、三七九頁）。シャコ貝は沖縄以南の熱帯地方に生息する世界最大の二枚貝で、大きなものは殻の長さ一メートル、重さ二〇〇キログラムに達する。これだけ大きければ嬰児の死骸を入れるには十分である。しかし大きさもさることながら、それ以上に見逃せないのは、やはり貝のかたちである。貝に母胎のイメージを見ているのであろう。いまもいったように、ものが誕生するにはカヒのような密閉された空間のなかにこもらなければならない。嬰児の霊魂はシャコ貝という疑似母胎のなかにこもることで再生するのをじっとまっている。幼くして亡くなった子供の霊魂は他界に送らず身近なところに埋葬するのもそのためで、すぐに再生してほしいという願いがこめられているのである。カヒ（貝）が死と再生のための母胎とみられていたことは、この宮古島の風習によくあらわれている。

シャコ貝に死骸を入れて埋葬する習慣はかなり古くからおこなわれていた形跡があり、少なくともその起源は弥生時代までさかのぼることができそうである。辰巳和弘氏によると、本土でいう弥生時代の沖縄地方では、貝を石棺に入れた遺跡の発見例が増加しつつあり、安座間原《あざまばる》遺跡では、頭部を左右からシャコ貝の一種の貝殻で包むようにした人骨が出土しているという（『「黄泉の国」の考古学』、七九頁）。人間の肉体は霊魂を入れる容器だが、厳密にいえば、肉体のなかでもとりわけ頭部に霊魂が宿ると考えられた。頭部を左右から貝殻で包むようにしたのも、たぶんそのこと関係があって、シャコ貝が霊魂を入れる容器であることを示唆している。死者の霊魂はシャコ貝という疑似母胎のなかにこもることで死と再生をはたすわけで、これは明らかに宮古島の風習につながるものである。

霊魂はカヒという死と再生のエネルギーを封じ込めた容器のなかにこもることで、この世に再生する。逆に霊魂がこの世からあの世に旅立つ場合にも同じことがいえるだろう。人が死ぬと魂は肉体から離脱して他界へ旅立つわけだが、そのためにはやはりカヒのような閉鎖的な容器のなかにこもる必要があった。霊魂はこの世からあの世に、逆にあの世からこの世に再生するときカヒのような空間にこもらなければならない。カヒはこの世とあの世の境界に位置し、霊魂を再生させるための疑似母胎である。

岩の割れ目や洞穴に死体を隠すのは、死者の霊魂を大地という母胎に帰すためであった。霊魂は母胎というカヒのなかにこもることで他界に再生することができる。大地の入り口に死体を隠すのは、霊魂を再生させるための手続きであって、これがのちの殯の儀礼につながるのである。すでに述べたように、殯は肉体と霊魂を分離させて、霊魂を他界に送るまでの準備期間のことである。『古事記』が語る黄泉の国の話は、殯という時間概念を空間的なイメージで説話化したものにほかならない。黄泉の国を訪れたイザナキがそこで見たのは、亡き妻の腐乱した屍体であった。黄泉の国は一つ火をともさないと見えない闇の世界である。カヒを内側から見れば、そこは闇に閉ざされた空間であり、したがって黄泉の国もまた一種のカヒとみることができるだろう。イザナミの屍体は黄泉の国という巨大なカヒのなかに安置され、魂が肉体の桎梏から解き放たれるのをまっている。肉体が完全に腐敗し骨化すると、魂は肉体から離脱して他界へ旅立つのである。この世で肉体に宿った魂が転生をはたしてあの世に再生する。

カヒは母胎であり、また闇を封じ込めた容器でもある。黄泉の国を訪れたイザナキが一つ火をともして亡き妻の屍体を見たのも、そこが闇の支配する空間であったことを物語っている。黄泉の国と闇に関連していえば、松田修氏がイザナキの黄泉の国訪問譚にふれて興味深いことを述べている。日本神話のなかで最初の化粧は死せるイザナミによってなされたのだという。「一さいの光、一さいの燈を拒否した時、女神は、もはや爛懐の肌肉が、白粉や紅粉では、修正できぬことを知っていた。腐肉をさらしたくなく、白粉紅粉も無効であるとき——闇を塗り込めるより他はないだろう」（『松田修著作集』第三巻、五一〇—一頁）。ありていにいえば、イザナミはみずからの醜い肉体を隠すために「闇」という化粧をほどこしたのだという。なるほど「闇」を化粧とみる松田氏の着眼点が面白い。松田氏によれば、闇を塗り込めることが「最初の化粧」とされるが、これ以上の化粧はないという意味で、私は「究極の化粧」と呼んでみたい衝動に駆られる。「最初の化粧」は「究極の化粧」でもあった。なにも美しく変身するだけが化粧ではない。闇を塗り込めることで、自己の存在を消してしまう。これぞ「究極の化粧」ではないだろうか。また化粧の本来の目的が他者への変身だとすれば、松田氏もいうように、化粧とは「化生」でもあり、他者への転生という作用が化粧にはある。他者への変身、他者への転生は自己の死と再生でもあるから、それには闇を塗り込めるにしくはない。その意味でも、イザナミが黄泉の国というカヒのような空間にこもっているのは象徴的である。

第二章　眠りと他界

他界の入り口

黄泉の国という闇の世界から他界への旅路は、長いトンネルを抜けていくようなイメージであらわすことができるだろう。トンネルを突き抜けた先に他界がある。現世↓黄泉の国↓他界というプロセスを経て霊魂はそのふるさとともいうべき他界に帰還する。黄泉の国が闇の世界であるのに対して、他界は光に満ちた光明の世界として描かれることが多い。トンネルを突き抜けた向こうに光り輝く世界が広がっている。

日本人の古い記憶では、他界はこの世と隔絶した世界ではなく、洞窟や洞穴などを通じてこの世とつながっていると考えられた。黄泉の国も広い意味での他界だが、イザナキが亡き妻に会いに黄泉の国を訪れたのも、そこがこの世とは地続きであった消息を物語っている。そしてイザナキは「見るなの禁」を破ったために黄泉の国の醜女たちに追いかけられ、黄泉比良坂まで逃げてきたところで千引の石を引いてきて坂をふさいでしまう。すでにみたように、ここでいう坂は洞窟のことで、この例からもわかるように、穴や洞窟が他界の入り口になっている。

そのほか他界への参入口として一般によく知られているのが淵である。淵から水界や竜宮に渡ったという伝説や昔話は枚挙にいとまがないほどで、『続日本後記』が伝える浦島子は「澄の江の淵に釣りせし云々」とあり、この場合も淵が竜宮（他界）につながっていることを暗示させる。浦島子は淵の底から竜宮に渡ったのである。また淵にはよく渦巻きが発生する。淵と渦巻きの関係については以前に述べたことがあるので、詳しくはそれに譲るが（『かまど』第四章）、要するに渦巻きは水のなかにできる回転する穴であり、それはこの世と他界を結ぶトンネルのようなイメージ

河童淵（岩手県遠野市）。淵にはよく渦巻きが発生する

であらわすことができる。昔話や伝説の世界には、このことを示唆する話がいくつかある。たとえば岩手県江刺郡に伝わる竜宮童子の昔話には渦を巻く淵が出てくるけれども、この渦巻きもトンネルのようなイメージで語られている。

　昔爺が山に行って柴を苅って居ると、其下の淵の水がくるくると面白く渦を巻いて居る。それを面白いと思って、苅って居た柴を一束投げ込むと、見事にくるくるとまはって水の底に沈む。是は面白いと又一束、又一束と投げて居るうちに、とうとう三月の間苅り溜めて居た柴を、残らず此渦巻きの中へ沈めてしまった。ところが其淵の中から美しい女が出て来て柴の礼をいひ、是非私の家へ遊びに来てくれといふ。そこで目をつぶって女に負われて、淵の底に入って行くと、真に立派な構への屋形があって、爺が投込んだ柴は其脇にちゃんと積重ねてあった云々（『定本柳田國男集』第八巻、四二頁）。

淵は渦を巻いている。爺が刈り取った柴をその渦のなかに投げ込むと、柴はくるくると回りながら淵の底に沈んでいく。これは水のなかにできたトンネルのような穴に柴が吸い込まれていくイメージである。渦は水のなかにできたトンネル状の穴であり、その穴を通して水界につながっていると考えられたらしい。水界の主は水神である。淵から出てきた美女というのは水神、もしくはその使者であろう。翁が目をつぶって女に背負われて水界に行くと、立派な構えの屋形があり、翁が投げ込んだ柴はその脇に積み重ねてあったというから、柴は渦巻きがつくる水のトンネルを通って水界に運ばれたとみていい。渦巻きはこの世と水界を結ぶ回路のように考えられていたふしがある。ちなみに翁が淵から水界に渡るさい「目をつぶる」ようにいわれるのも興味深いところで、これはあとで詳しくふれるように、現世に生きる人間が他界に渡るときの一般的な作法であった。

他界への参入口でもうひとつあげておきたいのは井戸である。柳田国男は『山島民譚集』のなかで、河童が命を助けてくれた恩返しに毎朝、井戸のかたわらの竹棚に鮮魚を捧げ置いたという話を紹介している（『定本柳田國男集』第二七巻、六五頁）。河童は水神の化身で、井戸を連絡口にして魚を持参したことは容易に想像できる。井戸が水界や竜宮につながる話は多く、たとえば京都の東山にある八坂神社の社殿の下には竜宮に通じる井戸があると伝えられ、その名も「竜宮水」という（井上頼寿『京都民俗志』、七一―二頁）。

無目籠の小船

この世からみた水界の入り口が井戸であれば、逆に水界からみたこの世の入り口もまた井戸であってもおかしくない。『日本書紀』が伝える海幸山幸神話には、このことをうかがわせる話がある。よく知られているように、これは海の獲物を取る道具と山の獲物を取る道具を交換した兄弟の話である。火遠理命《ほをりのみこと》は兄の火照命《ほでりのみこと》から道具を借りてみたものの、魚は一匹も釣れなかったばかりか、大事な釣針を海中に失くしてしまった。火遠理命が海辺で途方にくれていると、海の潮をつかさどる塩椎神《しおつちのかみ》がやって来る。事情を聞いた塩椎神は無目籠《まなしかたま》の小船をつくり、その船に火遠理命を乗せて海神宮に渡らせた。海神宮は海の底に想定された水界で、そこには海を支配する海神が住んでいる。海神に相談すれば釣針の手がかりがつかめるかもしれない。そう思って塩椎神は火遠理命を海神宮に送ったのである。

そして小船に乗って海底に沈んだ火遠理命が最初に到着したのは海神宮の門前の井戸辺であった。海神宮に井戸が出てくることじたい象徴的な話である。この場合の井戸は水界のシンボルであると同時に、水界側から見たこの世の入り口もまた井戸であったことを推測させるもので、伊藤清司氏が指摘するように、穴や井戸が地上と地下世界を結ぶチャンネルであるとする考えが、火遠理命をしてまず井戸辺に登場させることになったのであろう（『花咲爺の源流』、二一〇頁）。

火遠理命が渡ったのは水界である。水界は他界であり、他界は霊魂が安住する世界であるから、神にしろ人間にしろ生きたまま他界に渡ることはできない。火遠理命はどのようにして他界にやってきたのだろうか。命は海底に沈むとき無目籠の小船に乗せられたが、どうやらこの小船に何か仕掛けがあったようである。無目籠の「無目《まなし》」は「目無《まな》し」で、無目籠とは「かたく目のつんだ竹製の籠」のことだとされている。これをベトナムの藍船に比定させて、椰子油と牛糞をこねた塗料で竹製の目をふさいだ船とする説もある（日本古典文学全集『古事記・上代歌謡』、一三八頁）。

無目籠の「籠《かたま》」はカツマ、カタミとも発音されるが、『阿波国風土記』逸文には、勝間井《かつまい》の冷水《しみず》の名を述べたくだりがあって、そこに「粟人は、櫛笥をば勝間と云ふなり」とあり、阿波の人は櫛笥を勝間《かつま》と呼んでいるという。櫛笥は結髪の道具や髪飾りなどを収納する箱で、浦島太郎の昔話で乙姫が浦島に手渡した玉匣《たまくしげ》もこれと同じである。阿波で櫛笥をカツマというのは、竹製の籠であることを示している。丸山顕徳氏によると、沖縄に伝わる浦島太郎の話では、竜宮からもらってくる土産は瓢箪、瑠璃色の壺、包み袋、徳利、ヤシュバガニなどで、なかが中空になっているものが多いという（「昔話の時間」）。浦島太郎の昔話で浦島が竜宮の乙姫からもらってくる土産といえば匣（櫛笥）が圧倒的に多く、この匣もなかが空洞である。『阿波国風土記』逸文が語るように、籠（勝間）が櫛笥の別称だとすると、無目籠の小船は、かたく目のつんだ竹籠の櫛笥にも似た船を想像することができる。櫛笥はなかが空洞であるから、無目籠の小船もまた中空の容器とみてまず間違いなかろう。

折口信夫も無目籠の小船を瓢やうつぼ舟の同類とみている（「若水の話」）。瓢やうつぼ舟は、なかがうつろな密閉された容器であり、かぐや姫がこもっていた竹の節のなかも同じく空洞である。無目籠の小船とは、どうやら瓢、うつぼ舟、竹の節にも似たカプセル状の船であったらしい。

無目籠の小船は竹製である。素材としての竹に注目してみると、竹は樹木のなかでも際立った特徴をもっている。春先、土のなかから頭を出した筍は、一夜にして目を見張るほど成長する。筍はまずその旺盛な生命力、生殖力に特徴がある。沖浦和光氏は「筍は男根に似ている」（『竹の民俗誌』、九五頁）というが、筍の形状もさることながら、その旺盛な生命力、生殖力を考えると、たしかに筍は男根のシンボルといえるだろう。そして筍は旺盛な生命力によって竹に成長すると、空に向かって節目正しくまっすぐに伸びていく。その旺盛な生命力の秘密はいったいどこにあるのだろう。そう思って竹を伐ってみても、節のなかはうつろで何もない。すでに述べたように、竹の節のようになかがうつろな容器はカヒと呼ばれる。カヒは死と再生のエネルギーを封じ込めた容器であり、そのエネルギーは呪力といってもよく、それが竹の成長を支えていると信じられたのではないだろうか。竹の旺盛な成長力、生命力のみなもとは節のなかに宿る目に見えない呪力にあり、その呪力は竹の精と言い換えてもいい。そう考えると、かぐや姫が竹の節のなかから生まれるのも偶然ではなく、かぐや姫はいわば竹の精の人格的表現にほかならない。

このように竹はとりわけ呪力のある植物とみられていたようで、現世と他界を結ぶ交通手段である無目籠の小船が竹製であるのも、その呪力によるところが大きい。呪力のある竹でつくられた乗り物であればこそ、現世と他界を往還するのにふさわしいと考えられたのだろう。

無目籠の小船が密閉された容器であり、カプセル状の船だとすると、これもまた一種のカヒとみることができる。カヒはいまもいったように、死と再生のエネルギーを封じ込めた容器であり、そのなかにこもることで自己の死と再生がはたされる。無目籠の小船に乗せられた火遠理命の身に何が起きたのだろうか。『古事記』も『日本書紀』もこれについては一言も語っていないが、無目籠の小船をカヒとみれば、おおよその見当はつく。火遠理命の肉体の死と、魂の再生がはたされたのではないだろうか。もっとも、肉体が完全に死んでしまっては現世にもどれないから、肉体は仮死状態におかれていたとみるべきだろう。仮死状態の肉体から魂が離脱し、その魂が他界に再生する。黄泉の国では死者の肉体が腐敗し骨化すると、魂は肉体から離脱して他界へ旅立つが、これと同じことが無目籠の小船のなかでも模擬的に再現されたのではないだろうか。無目籠の小船とは、いってみれば黄泉の国のミニチュア版にほかならない。

眠りは他界へ抜け出るときの通路

仮死状態におかれた肉体についてはもう少し説明が必要であろう。人の死は肉体の腐敗と不可分の関係にある。ここでイザナキの黄泉の国訪問譚をあらためて読み返してみることにしよう。イザナキと亡き妻イザナミが会話をするくだりである。『日本書紀』一書（第六）には、「吾已《われすで》に湌泉之竈《よもつへぐひ》せり。然《しか》れども、吾当に寝息《ねやす》まむ。請《こ》ふ、な視《み》ましそ」とある。イザナミが夫にむかっていう。「私はもう黄泉の国の食べ物を食べてしまいました。そしていま寝ようとするところです。どうか寝姿を見ないでください」と。ここで注目したいのは、「いま寝ようとするところです」というイザナミのことばであり、これは黄泉の国が眠りと深いかかわりがあることを示唆しているように思える。ここでいう眠りは肉体の腐敗と同義である。「いま寝ようとするところです」とは、肉体が腐敗していくことの比喩的な物言いであって、寝ることは肉体が腐敗することであり、そのためにイザナミは夫に「どうか寝姿を見ないでください」と懇願しているのである。

前章で紹介したように、松田修氏によると、日本神話における最初の化粧は闇を塗り込めることであり、それは死せるイザナミによってなされたという。だとすると、イザナミはいま寝るところだから、この場合の化粧は、正確には「寝化粧」であろう。イザナミは闇を塗り込めながら、みずからの肉体の腐敗を完成させるのである。しかし夫が邪魔をする。イザナキの灯した一つ火の明かりによって、イザナミの肉体を深々と覆っていた闇が取り除かれ、せっかくの寝化粧が暴かれてしまうのである。これは女にとって恥辱以外のなにものでもない。そのあと、イザナキは妻のイザナミから追いかけられるが、これは一般には「見るなの禁」を破ったためだとされる。しかしさきほどの文脈に沿っていいえば、寝化粧を暴かれたためだといえないこともない。ともかくイザナミは闇のなかで眠りにつこうとする。闇を塗り込めた黄泉の国が眠りと深く結びついている点は心に留めておきたい。

闇と眠りに関連した話は日本の神話にかぎらず『ギリシア神話』にもみられる。エロスとプシュケの話に出てくる冥府は地下にある暗黒の世界で、洞穴が入り口とされる。冥府を訪れたプシュケは宝物を封じ込めた箱を持ち帰るが、実は箱のなかに入っていたのは冥府の眠りであった。それとは知らずにプシュケが箱を開けたために、彼女は眠りにとりつかれ、眠ってばかりいる屍になってしまった。これは冥府という地下にある暗黒の世界が眠りの世界であったことを示唆するもので、日本神話が語る黄泉の国をほうふつさせる話である。

火遠理命の話にもどろう。命は無目籠の小船に乗せられ海底に沈んだ。無目籠の小船は密閉されたカプセル状の船だから、なかは暗闇である。闇と眠りの関係から明らかなように、これは眠るための装置にほかならず、したがって無目籠の小船に乗るのは「眠る」という意味でもあったはずである。それが他界へ渡るときの作法でもあった。

さきほど岩手県江刺郡に伝わる竜宮童子の昔話にふれた。山へ柴刈りに行った爺が刈り取った柴を淵の渦巻きに投げ込むと、淵のなかから美しい女が出てきて爺を淵の底に案内する。淵の底には水界がある。爺は女のいわれるままに目をつぶり、女に背負われて淵の底に入って行った。これは母親の背中におんぶしながら寝入ってしまった幼児の姿を連想させるし、水界そのものが母性的なイメージでいろどられた世界であることを示唆している。それはともかく、現世から他界への道行に眠りが不可欠であったことはこの話からもわかる。ここには無目籠の小船は出てこないものの、そのかわり爺は女の背中におんぶされた状態で眠りにつく。眠ることが他界へ渡るときの不可欠な条件であり、眠りなくして他界へ渡ることはできないのである。

西郷信綱氏は『古代人と夢』のなかで無目籠の小船にふれて、無目（マナシ）とは「目がないことで、つまり眠ることの比喩的表現ではなかろうか」（一七四頁）といい、また別のところでも、無目籠の小船に乗るとは「目をつむって眠ることを比喩したものいいにほかならず、（中略）眠りというものが他界へ抜け出る一つの通路であった消息が、ここには語られている」と述べている（『古代人と死』、四三頁）。

古代においては夜と昼の対立は鮮明で、夜は聖なる時間であり、それに対して昼は俗なる時間であった。聖なる時間とは神や霊魂が活動する時間のことで、したがって夜の睡眠は魂の活動と深くかかわる行為であった。眠ることは聖なる時間に入ることであり、魂のはたらきを活発にすることである。肉体のはたらきはかぎりなくゼロに近づき、いわば仮死状態におかれるが、その反面、霊魂のはたらきは活発になる。霊魂が肉体から離れるのはこのときである。無目籠の小船に乗せられた火遠理命の身にも、これと同じことが生じたと考えられる。いまもいったように、無目籠の小船に乗るのは眠ることと同じ意味だから、小船に乗せられた火遠理命は眠っているあいだに霊魂と肉体が分離され、その霊魂が他界に抜け出たのである。他界に渡ったのは火遠理命自身ではなく、その魂であった。他界が霊魂の安住する世界であってみれば、これはむしろ当然のことで、他界は肉体をもった生身の状態では行くことができないのである。

夢は魂が見させてくれるもの

ここであらためて眠りと霊魂の関係について考えてみることにしよう。現代の睡眠と夢の研究によれば、睡眠には「レム睡眠」と「ノンレム睡眠」の二種類がある。私たちが眠りに落ちると、最初はノンレム睡眠にはじまり、眠りが深くなるにつれレム睡眠にかわる。その後はレム睡眠とノンレム睡眠がほぼ九〇分周期で繰り返されるという。これが一般的な睡眠のパターンである。レム睡眠というのは、肉体は眠っていても脳はなかば覚醒状態にあり、夢を見るのはこのときである。ただ脳がなかば覚醒状態にあるといっても、意識はほとんどなく、無意識の状態である。意識の活動が低下する一方で、逆に無意識の活動が活発になる。夢はこのような状態のときに見るわけで、要するに夢は無意識の活動と深くかかわっているが、古代人はこの無意識の活動を霊魂のなせるわざと考えていたようである。言い換えれば、無意識のはたらきを支配するのは霊魂であり、眠りと霊魂のはたらきは不即不離の関係にあるとみられていた。眠っているあいだ魂のはたらきは活発になり、ついには肉体から遊離してしまう。そして魂はさまざまなところへ行き、さまざまなことを見たり聞いたりしてくる。肉体にもどった魂は、みずから見聞したことを夢として人間に見させるのである。魂が見聞したり体験したりしたことは、魂からみれば現実そのものに違いないが、逆に人間からみれば非現実であり、ゆえにそれを夢と呼ぶのであろう。夢は人間からみれば現実とは違うもうひとつの現実、つまり非現実にほかならないからだ。意識が覚醒している状態で見ているのは現実の世界で、意識が眠っている状態で見ているのは非現実の世界であり、これが夢である。

古代人は夢というものをどのように考えていたのか、そのことを知るうえで参考になる昔話がある。「夢の蜂」と呼ばれる一連の昔話がそれで、ある男が昼寝をしていると、鼻の穴から蜂が飛び出し、どこかをさ迷ったのち、ふたたび男の鼻のなかに入る。男は目をさまし、夢の体験談を語るという話である。また「夢買長者」もこれと似た話で、昼寝をしている男の鼻の穴から蜂が飛び出し、ふたたび男の鼻に入る。男は目をさまし、かたわらの友人に夢で財宝の隠し場所を知ったと話す。友人はその夢をいくらかの金で買い、くだんの隠し場所を掘ると、たくさんの財宝が見つかり長者になる。

この二つの昔話に登場する蜂は魂の化身で、睡眠中は魂が身体から遊離する。その魂の体験したことが、すなわち夢であるという古代的な夢の考え方がよくあらわれている。夢は人間自身が見るのではなく、魂が見させてくれるものであった。また魂の化身である蜂が鼻の穴から出入りするのも偶然ではなく、魂は肉体のなかでもとりわけ頭部に宿ると考えられたのである。

人が眠っているあいだ肉体から遊離した霊魂はさまざまなことを見聞してくる。その霊魂が体験したことを人は夢として見るのである。フレイザーの『金枝篇』を読むと、こうした夢の考え方は日本の古代人にかぎらず多くの民族にみられることがわかる。一例をあげると、ブラジルやギアナのあるインディアンは、深い眠りからさめたとき、その身体がずっと寝床のなかで身動きもせず横たわっているにもかかわらず、霊魂は人が夢に見たことをするために狩り、魚取り、木伐りその他なんでもしてくるとかたく信じているという（『金枝篇』二、七五頁）。

さて、ふたたび火遠理命の話にもどる。命がなぜ無目籠の小船に乗せられて他界へ旅立ったのか、その理由がこれでだいぶ理解しやすくなったのではないかと思う。無目籠の小船は死と再生のエネルギーを封じ込めた容器であり、そのなかにこもった火遠理命は魂として他界に再生する。具体的にいえば、無目籠の小船のなかで火遠理命は眠りにつくが、寝ているあいだ命の肉体から魂が遊離する。他界へ抜け出たのはその魂であり、海神宮で見聞したものはすべて火遠理命自身ではなく、その魂が体験したものにほかならない。さきほどもいったように、魂が体験することは人間からみれば夢であり、魂が体験したことを人は夢として見るのである。すると海神宮を訪れた火遠理命の話というのは、実は人が寝ているあいだに見る夢と何ら変わりがないことになる。夢は寝ているときに見るものであり、他界へ渡るときときまって目をつぶるようにいわれたり、眠るようにいわれたりするのもそのためで、眠りは他界へ抜け出るときの通路であり、また手続きでもあった。

夢についてひとこと付言しておくと、夢といっても古代人はたんなる架空の話、絵空事とは考えていなかったことである。古代では夢は「イメ」と発音された。『字訓』はイメに「寝目《いめ》」の漢字をあてている（一三二頁）。また『説文解字』は夢を「寐《い》ねて覺《さ》むることあるなり」と説明し、寝ていて目覚めることが夢だという。まさに夢は寝ている目、つまり「寝目」であって、目覚めているとき見ているのが現実だとすると、寝ているとき目覚めて見ているのが夢である。夢は現実に対するもう一つの「現実」とみられていたのである。

さきに紹介した「夢買長者」の昔話は、他人が見た夢を買って長者になった話である。夢は現実を変えたり、現実を支配したりすることができると信じられていたわけで、だから夢は金銭で売買されるほどの価値があったのである。これは海神宮を訪れた火遠理命の話にもいえることで、他界での話は現世と同じようなリアリティをもって語られる。火遠理命は海神の娘トヨタマビメと三年間の結婚生活を送ったのち帰国の途につくが、そのさい海神から呪法をさずけられる。現世にもどった火遠理命は、その呪法で敵対関係にあった兄の火照命を降伏させた。これは他界が現世を支配するとみることもできるし、また他界で体験したことは現世からみれば夢だとすると、夢が現実を支配するともいえる。いずれにしても古代人は他界が現世を支配したり、夢が現実を変えたりすることができると考えていたようである。

今でも私たちは冗談半分に正夢や逆夢を話題にすることがある。夢で見たのと同じことが現実でも起きれば正夢で、反対のことが起きれば逆夢である。正夢や逆夢を信じる信じないは別として、私たちにも心のどこかに夢が現実に影響を及ぼすのではないかという淡い期待や不安があるようで、そこに古代的な夢の考え方のかすかな残映をみることができる。

常世に渡った浦島子

ところで、火遠理命の説話にかぎらず他界に渡った話は昔話や伝説の世界ではめずらしくない。というよりも、この世とあの世の交渉を描いたところに昔話や伝説の特徴があるといっても過言ではなく、あの世に対する人々のあこがれが物語を紡ぎ出す大きな原動力になっているようである。

浦島太郎の昔話もこの世とあの世の交渉を描いた物語である。浦島も他界（常世）に渡り、この世に帰還している。しかし浦島の場合はこの世で生き続けることができなかった。常世で過ごした三年間が、この世では三〇〇年に相当していたからである。それは肉体をもつ人間の性《さが》として避けることのできない宿命ではあるが、ここに描かれた魂と肉体のせめぎ合いはなかなか興味深いものがある。そのあたりを中心に、この物語を読み解いていくことにしよう。
よく知られているように、この昔話は浦島子説話が原作で、この説話については『日本書紀』『万葉集』『本朝神仙伝』『丹後国風土記』逸文などに記載がある。なかでも『丹後国風土記』逸文は書かれた年代も古く、また内容も充実しているので、まずはこれをテキストにして話をすすめていきたい。

雄略天皇の時代、日置の里の筒川の村に日下部首の先祖で筒川の島子という男がいた。世にいう水の江の浦の島子である。ある日のこと、島子は「独《ひとり》小船に乗りて海中《うみなか》に汎《うか》び出て釣するに、三日三夜《みかみよ》を経《ふ》るも、一つの魚《うを》だに得ず、云々」とある。島子はひとり小船に乗って海の真ん中に浮かんで釣りをしたが、三日三晩たっても魚は一匹も釣れなかったという。これはたしかに異常である。何が異常かというと、魚が一匹も釣れなかったこともさることながら、それ以上に注目すべきは島子の精神状態である。河合隼雄氏は浦島太郎の昔話を分析して、このときの浦島が「退行」という心理状況にあったと述べている。「海は測り知れぬ拡がりと深さをもち、その内に無尽蔵のものを宿すという意味において、無意識そのものを表している。その海の上にひとり、孤独な状態にあり、しかも魚も釣れないというのは、心理学でいう『退行』を示すイメージとして、まことにふさわしいものである」（『昔話と日本人の心』、一四八頁）。

退行は心的エネルギーが低下したときに起きる現象で、それにともない無意識の活動が活発になる。わかりやすくいえば意識がもうろうとした状態、あるいは入眠事における夢とも現《うつつ》ともつかない半醒半睡の状態といってもいい。大海原にひとり小船を浮かべて三日三晩、釣り糸を垂れているが魚は一匹も釣れない。海という水平面だけがかぎりなく広がる単調な風景、それに魚が釣れないという状況が反復的に繰り返される。空間的にも時間的にも単調な状況におかれると、心的エネルギーの停滞が生じる。意識があるのかないのかはっきりしない状況で、島子はなおも海面に漂うがごとく釣り糸を垂れている。眠りは他界へ渡るときの作法だとすると、そのための準備段階としてまことにふさわしいといえるだろう。

そしてこの直後に島子は一匹の亀を釣り上げる。『丹後国風土記』逸文の語るところによれば、「乃《すなは》ち五色《いついろ》の亀を得たり。心に奇異《あやし》と思ひて船の中《うち》に置きて、即《やが》て寝るに、忽《たちま》ち婦人《をみな》と為りぬ。その容美麗《かたちうるは》しく、更比《またたく》ふべきものなかりき」とあり、島子は不思議なこともあるものだと思いながら、そのまま亀を船のなかに置いて寝てしまう。するとたちまち亀は婦人になった。その顔かたちの美しさはたとえようもなかったという。島子が眠りに落ちるやいなや、釣り上げた亀が美しい女性に変身する。C・G・ユングによると、心的エネルギーの停滞は、そのエネルギーに見合った代償像を生み出すという。「……無意識が活発に動き始め、その結果砂漠を旅する人、船乗り、聖者などの孤独幻想や孤独幻覚に似たものが生まれる。このような現象のメカニズムは心的エネルギー論によって説明がつくと思われる」(『心理学と錬金術』I、七九頁)。大海原にひとり小船を浮かべた状況が三日三晩にわたって続く。島子の心的エネルギーは停滞し、そのエネルギーは単調な状況を補償するかたちで、それに見合った幻覚や幻想を生み出すと考えられる。釣り上げた亀が美女に見えたのも、要は入眠時における幻覚や幻想によるもので、島子は亀を美女と錯覚したのである。しかし夢うつつの島子には美女としか見えない。

亀から変身した美女というのは、実は常世の神女で、島子を常世へ誘う。いわれるままに島子は承諾し、そして例によって常世への道行は、「女娘《をとめ》、教へて目を眠《ねむ》らしめき。即ち不意《とき》の間《ま》に海中《うみなか》の博《ひろ》く大きなる嶋に至りき」とあり、女(乙姫)は島子に目をつぶるようにいって眠らせると、あっという間に海中の広くて大きな島に到着した。眠らせて、あとは省略にしたがうのは他界へ渡るときのお決まりのパターンであって、これはすでにみたように、無目籠の小船に乗せられて海神宮に渡った火遠理命の場合と同様である。無目籠の小船はカプセル状の船で、眠るための装置である。無目籠の小船に乗るのは「眠る」という意味でもあるから、すると眠っているうちに常世に到着した浦島子も同じように無目籠の小船に乗せられたのではないだろうか。周知のように、常世に渡った島子はそこで歓待を受け、乙姫と悦楽の日々を過ごすが、やがて故郷が恋しくなり、地上に帰ることになる。眠りが他界へ渡るときの作法なら、現世に帰るときも同じ作法にしたがうのが道理であろう。

ただここで注目したいのは、往路にはなかった「船に乗る」という表現がみられることである。「即《やが》て相分れて船に乗る。仍《すなは》ち教《をし》へて目を眠《ねむ》らしめき。忽《たちまち》に本土《もとつくに》の筒川の郷《さと》に到りき」とあり、乙姫と別れた島子が船に乗せられているのである。しかも乗船後、「即座に目をつぶるようにいって眠らせた」とあるのをみると、この船はふつうの船ではなく、眠るための装置、つまり無目籠の小船ではないかと思われる。浦島子もまた火遠理命と同様に無目籠の小船というカプセル状の小船に乗せられて常世に渡ったことが想像できるのである。

この船はもともと島子が乗っていた小船ではないかといわれるかもしれない。しかし他界と現世の境界を越えるには一般の船では無理で、やはり無目籠の小船でなければならない。もっとも、無目籠の小船にさほどこだわる必要もないだろう。無目籠の小船に乗るのは眠ることと同義であるから、ここはただ睡眠中に他界と現世の境界を越えたと解釈してもいっこうにかまわない。肝心なのは「眠ること」であって、それを目に見えるイメージとして表現したのが、ほかならぬ無目籠の小船なのだから。

玉匣の中身

無目籠の小船は現世と他界を往還するための交通手段である。無目籠の小船に乗るのは眠ることと同じ意味であり、眠っているあいだに霊魂は肉体から分離し、霊魂だけが常世に抜け出る。島子の場合も常世に抜け出たのは島子自身ではなく魂であったはずで、このことを説明するには、乙姫が別れ際に島子にさずけた玉匣《たまくしげ》が手がかりになるだろう。乙姫は島子にいう。「君、終《つひ》に賎妾《やっこ》を遺《わす》れずして、眷尋《かへりみたづ》ねむとならば、堅く匣を握りて、慎《ゆめ》、な開き見たまひそ」と。本当に私のことを恋しく思って訪ねてくれる気持ちがあるなら、この匣をしっかり握って、決して開けてみてはなりませんよ。匣をしっかり握る一方で、ふたを開けてはいけないという。この一見矛盾とも思える乙姫の要求に何か秘密が隠されているようである。しかしここは、そのことを心に留めるだけにして話を前に進めよう。

玉匣は玉手箱ともいい、玉飾りのある櫛笥《くしげ》のことで、転じて女の持つ手箱の美称とされる（『岩波古語辞典』）。しかし玉は語源的には「魂《たま》」と同根であるから、玉匣は「魂《たま》匣」でもあり、魂の入った匣、魂の容れ物という意味にもなるだろう。玉匣は魂匣であったとすると、乙姫が島子に手渡した玉匣の中身が気になるところである。玉匣のなかには何が入っていたのだろうか。

玉匣の中身についてはいくつか説がある。たとえば浅見徹氏は、「玉手箱の中には、実は、乙姫様が人にあらざることを示唆するもの、むしろ、乙姫様の元の姿である亀自体が入っていた」（『玉手箱と打出の小槌』、一〇三頁）というが、はたしてそうだろうか。島子は乙姫に別れを告げてもとの郷里の筒川の郷に帰ってきたものの、両親はおろか、だれひとりとして知る人はいない。それもそのはず、常世で過ごした三年間が地上では三〇〇年に相当していたからだ。

島子の落胆はいかばかりであったろうか。島子は乙姫からきつくくぎを刺されたにもかかわらず、寂しさのあまり玉匣のふたを開けてしまう。すると「即《すなは》ち瞻《めにみ》ざる間《あいだ》に、芳蘭《かぐは》しき體《すがた》、風雲《かせくも》に率《したが》ひて蒼天《あめ》に翩飛《とびか》けりき」。かぐわしい若さは一瞬のうちに風雲とともに蒼空に飛び去ってしまったという。この『丹後国風土記』逸文の文章を素直に読めば、玉匣のなかに入っていたのは島子の永遠の若さとなるだろう。それが風雲に乗って天空に飛び去り、それと同時に島子の美しい容姿も消えてしまった。永遠の若さとは年をとらないこと、要するに不老不死のことで、これは霊魂と肉体の統一体である人間には不可能なことである。霊魂は不滅でも、その容れ物である肉体はいずれ滅んでしまう。これが肉体をもつ人間の宿命である。もし永遠に生き続けるとしたら、肉体をもたずに霊魂だけで生きるしかない。しかしそれは地上ではありえない話で、それが可能なのは常世だけである。常世は霊魂が安住する世界であり、したがって永遠の若さとは、別のことばでいえば、霊魂のことにほかならない。玉匣のなかに入っていたのは島子の永遠の若さ、つまり霊魂であった。

霊魂は生命をつかさどるもので、霊魂がなければ人は生きることができないし、通常なら肉体のなかに収まっている。しかし常世に渡った島子にはそれが許されなかった。島子の霊魂は肉体のなかにではなく、玉匣のなかに入っていたのである。これは島子の生殺与奪の権を乙姫が握っていたことを意味するし、言い換えれば、島子の魂はすでに乙姫に人質に取られていたことになる。ところが島子が地上に帰りたいというので、乙姫は人質に取った島子の魂を匣に入れて本人に持たせたのである。そうとも知らずに、島子は久しぶりに家族に会える喜びと期待を胸に故郷の土を踏むことになった。

『丹後国風土記』逸文には、玉匣を開けると島子の若さは一瞬のうちに風雲とともに蒼空に飛び去ってしまったとある。いま検討したように、若さとは魂のことであるから、これは島子の魂が雲になって飛んでいったという意味でもある。魂は通常は目に見えないが、さまざまなかたちをとって人の目に触れることがある。雲もそのひとつで、目に見えない魂が目に見える姿をとって現われたのが雲である。『字訓』によれば、「魂は魂気を示す。云は雲気の象」で、魂は雲気となって浮遊するものと考えられていたという（四八三頁）。魂は雲としてあらわれるのである。

これで玉匣の中身が何であったかは、ほぼ察しがつくだろう。参考までに『丹後国風土記』逸文以外の資料にもあたってみることにしよう。『万葉集』には高橋虫麻呂の「水江浦島子を詠む一首」と題する長歌がおさめられていて、そこでは玉匣の中身は白雲とされている。「玉篋《たまくしげ》　少しひらくに　白雲の　箱より出でて　常世辺に　たなびきゆけば」。玉篋（玉匣）を少し開けると、白雲が出て、常世のほうに向かってたなびいていく。玉匣のなかに入っていたのは白雲であった。白雲は島子の魂であり、匣を開けたとたんに魂は常世の方に向かって帰っていく。そのあと島子の身に何が起きたかは衆知の通りだが、念のために虫麻呂の長歌の続きを引いておく。

立ち走り　叫び袖振り　反側《こいまろ》び　足ずりしつつ　たちまちに　心消失《けう》せぬ　若かりし
はだも皺《しわ》みぬ　黒かりし　髪も白けぬ　ゆなゆなは　いきさへ絶えて　後遂《のちつひ》に　命死にける　……

（巻九―一七四〇）

走りながら叫び、袖を振り、ころげまわり、足ずりをしながら、そのまま正気を失ってしまった。若かった皮膚はみるみる皺だらけになり、黒かった髪も白くなって、息も絶えてとうとう死んでしまったという。さきほどもいったように、常世で遊んだ三年間は地上では三〇〇年に相当する。まるで超高速度映画を見るように、三〇〇年という時間が一挙に島子の身体に襲いかかる。常世という永遠の世界に遊んだ島子も、現世に帰れば、その時間秩序のなかに組み込まれてしまうという当然のことが生じたのである。

飛び去っていく魂を追いかける島子

玉匣のなかから霊魂が飛び去ると、島子はそれに向かって走りながら叫んだり、袖を振ったりしている。島子はいったい何を叫んでいるのだろうか。これはいわゆる魂《たま》呼《よ》びの呪術ではないかと思う。魂呼びは死者の霊魂を呼びもどすことで、いよいよ臨終というとき、死者の肉体から霊魂が遊離する。近親者は死者の霊魂を呼びもどそうと魂呼びの儀礼を行う。屋根の上に登って大声で死者の名前を呼んだり、あるいは井戸の底に向かって叫んだりする。井戸があの世への入り口であることはすでにふれたが、屋根も同様で、この世とあの世の境界とされる。屋根の上から、あるいは井戸の底に向かって死者の名前を呼ぶのは、あの世へ行きかけた魂を呼びもどすためである。その声につられて霊魂がふたたび肉体にもどれば、死者を蘇生させることができると信じられたのである。地方によってはつい最近まで葬送儀礼の一環として行われていた。なぜ本人ではなく霊魂に向かって名前を叫ぶかというと、元来、名前は本人（肉体）ではなく霊魂につけるものであったからだ。死にかけた人間は魂が肉体から遊離した状態だから、魂を呼びもどすには本人（肉体）ではなく霊魂に向かって名前を呼ばなければ意味がない。これが魂呼びで、魂を肉体に呼びもどすための呪術である。島子が叫んでいるのも、たぶん魂呼びの呪術とみて間違いないだろう。玉匣のふたを開けたとたん、島子の魂は飛び去ってしまった。島子は魂を呼びもどそうと、みずから魂に向かって名前を叫んでいるのである。

また「叫び袖振り」とあるように、島子は遠く離れていく霊魂に向かって自分の名前を叫びながら、同時に袖を振るしぐさをしている。袖を振るのも魂呼びと似たような儀礼で、『万葉集』をひもとくと、「袖振る」とか「領布《ひれ》振る」ということばを詠み込んだ歌がさかんにうたわれている。領布は女性の装身具で、首にかけて左右に長く垂らす布のこと。袖振りや領布振りには招魂のはたらきがあって、霊魂をこちらに引き寄せようとする呪術である。ここで島子が袖振りをしているのも魂をこちら側に引き寄せる儀礼とみることができる。

そのあとに続く「反側び」は倒れて横になること、「足ずり」は足を摺ることで、いずれも激しい悲しみと嘆きをあらわす所作である。同じ『万葉集』巻九には、「反側び」と「足ずり」を詠み込んだ歌がある。これも高橋虫麻呂の歌で、船出する大友卿を見送ったときに詠んだとされる。

……　呼び立てて　み船出でなば　浜も狭《せ》に　後《おく》れ並《な》み居《い》て　反側び　恋ひかも居《を》らむ　足ずりし　哭《ね》のみや泣かむ　……

（巻九―一七八〇）

中西進氏はこの歌にふれて、とくに足摺りは海浜で行われたようだといい、「船出してゆく人々を恋して、残された者たちが足摺りしつつ別れを悲しむことが、海人たちの生活には存在したであろう」と述べている（『旅に棲む』、八四頁）。ときには船出したまま、海の藻屑となって帰らぬこともあり、そうした水死者たちを哀悼し供養する祭儀は海上を見はるかす岬で行われた。その祭儀は別離の悲しみを表現する足摺りの所作が中心とされ、そこから特定の祭場の岬が足摺岬を呼ばれるようになった。土佐の足摺岬もそうした祭場のひとつであったのだろうと中西氏は推測している。

海人《あま》といえば、浦島子も海人の出自とされる。そもそも浦島子説話は、日本の海岸地帯の漁撈民のあいだに伝わる民間伝承に中国の神仙思想が重なったものとするのが通説である。「足摺り」は海人特有の所作であり、したがって島子が足摺りをしているのも偶然ではなく、島子その人が海人出身であることを示唆している。島子はわが身から魂が離れていくのを激しく嘆き悲しみ、それが足摺りという所作になってあらわれたとみるべきだろう。

さきほど玉匣の中身について浅見徹氏の見解を紹介した。浅見氏によると、玉匣のなかに入っていたのは「乙姫様の元の姿である亀自体」とされるが、いまみてきたように、玉匣のなかから出てきた白雲は魂、もしくはその象徴ともいうべきもので、魂呼びや袖振りは飛び去っていく魂を呼びもどす儀礼であり、そして足摺りは、その甲斐もむなしく帰らぬ魂を激しく嘆き悲しむ所作であった。したがって玉匣から飛び去った白雲はむろんのこと、そのあとに続く島子の一連の所作をみても、玉匣の中身はやはり島子の魂とするのが自然である。

　島子は玉匣のふたを開けたために、なかに入っていた魂が飛び去ってしまった。島子はあわてて魂のあとを追うように自分の名前を叫びながら、袖を振って魂を呼びもどそうとする。だがその努力の甲斐もなく、魂は遠く離れていくばかりである。霊魂が離れたまま肉体にもどらない状態を死というなら、島子はこのとき死んだことになる。しかし考えてみれば、これも妙な話で、島子は常世に三年間遊んだのち地上に帰ってきたが、地上ではすでに三〇〇年が経過していた。生身の人間が地上で三〇〇年を生きることはできないから、島子はとっくの昔に死んだはずである。一般に「常世へ行く」といえば死出の旅立ちを意味するし、実際、郷里の筒川では島子はすでに遠い昔に死んだことになっている。そのことを島子は里人から聞かされて呆然となる。自分では三年ほどと思っていたのが、故郷に帰ってみると三〇〇年もたっていたのだから、島子の驚きは察するにあまりある。『丹後国風土記』逸文には、「古老等《ふるおきなたち》の相伝《あひつた》へて曰《い》へらく、先世《さきつよ》に水の江の浦島の子といふものありき、独蒼海《ひとりうみ》に遊びて、復還《またかえ》り来ず。今、三百余歳《みももとせあまり》を経《へ》つといへり。何《なに》ぞ忽《たちまち》に此《こ》を問ふや」とある。古老たちの言い伝えによると、ずっと先の世に、水の江の浦島の子という者がいたが、ひとり海に遊びに行ったきり、二度と帰らなかった。いまから三〇〇年あまり前のことである。何で突然、そんなことを聞くのかと、里人はいぶかしがる。里人にしてみれば当然のことであろう。里人の話によると、島子は三〇〇年前に海で遭難したことになっている。少なくとも故郷の筒川の郷では。しごくもっともな話ではある。

宙ぶらりんの状態に置かれた島子の肉体

しかし常世に行って死んだはずの人間が三〇〇年後、ひょっこり故郷に帰ってきたところに、この説話の悲劇的なクライマックスというか筋立ての面白さがあり、浦島子説話が今日まで語り継がれてきた最大の理由もけだしそこにあるのだろう。とはいえ三〇〇年前に死んだはずの島子が故郷に帰還する話には、やはり不自然で腑に落ちない点がある。島子の肉体が以前と少しも変わらないことである。玉匣のふたを開ける前の島子は若々しい。肌には皺がなく髪も黒く、青年の姿そのままである。どうすれば三〇〇年ものあいだ肉体を若々しく保つことができるのだろうか。しかし地上で三〇〇年といっても、常世ではたったの三年であった。この落差をどう考えたらいいだろうか。

久野昭氏は浦島子説話にふれながら、この点に言及している。「此界と他界との境を、浦島子は睡眠のうちに越えた。そのとき、彼の魂が肉体から遊離して、彼の身体もまた、現世とは根本的に異なった他界の時間秩序のなかに置かれた。そして、彼が筒川の浜に帰還しても、それが続く。その限りまだ、他界の住人としての資格は失われてはいない」（『異界の記憶』、一五三頁）。

肉体が消滅をまぬがれたのは、霊魂だけでなく肉体もまた現世とは異なる他界の時間秩序のなかに置かれたためだという。ここでもういちど確認しておくと、他界は霊魂が安住する世界であり、肉体をもった生身の人間がそのままの姿で行くことはできない。島子もまた睡眠中に霊魂が肉体から遊離し、その霊魂が他界へ抜け出たのである。したがって島子が常世に滞在したのはその霊魂だけであり、肉体はどうなっていたかというと、実は現世にも他界にも属さない、いわば宙ぶらりんの状態に置かれていたのではないだろうか。そのために現世の時間秩序からはずれて消滅をまぬがれることができたのである。島子の肉体がいつまでも若々しい理由を、私はそのように解釈する。久野氏は、「彼の肉体もまた、現世とは根本的に異なった他界の時間秩序のなかに置かれた」といい、島子の肉体が他界にあったようにいうけれども、むしろ他界にも現世にも属さない境界に置かれていたというべきだろう。他界はあくまでも魂が安住する世界である。私は他界をもう少し厳密に考えてみたいのである。

霊魂は他界にあり、一方の肉体はむろん現世にはなく、さりとて他界にもなく、現世と他界の境界に宙ぶらりんの状態に置かれていた。この場合の肉体は霊魂がこもらない魂の脱け殻であって、島子の肉体は魂の脱け殻として現世とは異なる時間秩序のなかに置かれていたのである。

常世から帰った島子は郷里の筒川の土を踏んだ。現世の時間に換算すれば、実に三〇〇年ぶりの帰還であった。現世から他界への道行には睡眠が不可欠で、睡眠中に肉体から遊離した霊魂が他界へ抜け出るという構図である。この構図はむろん帰路にもあてはまる。帰路は逆に遊離した霊魂が肉体にもどるわけだが、しかし島子の場合は少し違っていた。島子は帰りしなに乙姫から例の玉匣を手渡される。玉匣の中身についてはすでに検討した通りで、玉匣のなかに入っていたのは島子の霊魂であった。つまり島子の霊魂は肉体のなかに収まっているのではなく、霊魂と肉体は分離したままである。要するに島子の肉体は魂の脱け殻であって、これは現世に帰った島子を考える上でとても重要なことである。霊魂と肉体の統一体として生きるのが現世での生命の在り方だとすれば、これは久野氏がいうように、依然として「他界の住人としての資格は失われてはいない」ことになる。島子の肉体が以前と少しも変わりなく若々しいのはそのためである。しかし霊魂と肉体が分離したままというのは、生命にとってはきわめて危険な状態である。

ここであらためて乙姫が島子に玉匣を手渡すときにいったことばが思い出される。乙姫はいう。「本当に私のことを恋しく思って訪ねてくれる気持ちがあるなら、この匣をしっかり握って、決して開けてみてはなりませんよ」と。島子の肉体は、いまもいったように魂の脱け殻である。島子は自分の魂の入った玉匣を肌身はなさずしっかり握っていることで、かろうじて生命を維持している状態である。乙姫が島子に、「この匣をしっかり握って」と念を押しているのはそのためである。島子の命は、いわば首の皮一枚でつながっているようなもので、もし玉匣を手から離せば、肉体と魂は離れればなれになり、彼の生命もそれで終わりである。玉匣を開けるなどもってのほかで、ところが島子は乙姫との固い約束を忘れ、いとも簡単に玉匣を開けてしまう。彼の肉体は魂の脱け殻であるから、玉匣から魂が飛び去ったあと、肉体は一気に消滅せざるをえない。

魂の脱け殻になった島子

浦島子は郷里の筒川に帰ってきたものの、魂と肉体はばらばらの状態であった。肉体は魂の脱け殻であり、魂は乙姫から手渡された玉匣のなかに保管されていた。ということは、筒川に帰ってきたのは実は島子自身ではなく、その魂であって、島子の魂がその脱け殻である肉体をともなって帰ってきたのである。常世は霊魂が住む世界であり、そこから帰って来るものがあるとすれば、霊魂をおいてほかにはないはずである。そう考えると、島子はすでに遠い昔に死んだという『丹後国風土記』逸文が語る古老の言い伝えともつじつまが合うし、要するにこの伝説は、いちど常世へ行った人間は二度と帰還することはないという常識的な話に最後は落ち着くようである。

他界から帰還した人間はいずれ死ぬしかない。いや、すでに死んでいる。他界へ行ったが最後、二度と人間としてこの世に戻ることはできない。これが浦島子説話の結末だが、これと似た話は中国にもある。中国の晋時代（四世紀）に書かれた『捜神後記《そうじんこうき》』には浦島子伝説に似た話がおさめられている。『六朝・唐・宋小説選』（前野直彬訳）にしたがって、まずは話のあらすじを述べておく。

袁相《えんそう》と根碩《こんせき》の二人の男が山に狩猟に出かけた。六、七頭の山羊の群れを見つけ、深山を分け入り追いかけていくと瀑布が落ちる崖の前に出た。山羊が逃げていく道の先には洞穴があり、門のようにみえる。門を入ると、広々と開けた仙境で、青衣をまとった二人の美しい娘に出会う。女たちは「お前たちが来るのを、ずっと前から待っていたのよ」と嬉しそうにいい、二人の男と夫婦になった。そのうち男たちは家に帰りたくなり、二人の気持ちを察した女たちは腕に縛りつけた袋を根碩に渡し、「これを開けないように気をつけなさい」といって、男たちを帰した。故郷へ帰った二人は以前と変わらない生活を送っていた。ある日のこと、根碩が外出している間に家人が袋を開けてしまった。

するとなかから青い小鳥が出たかと思うと、遠くへ飛び去ってしまった。その後、根碩は畑仕事に出たが、畑のなかに立ったまま動かずにいる。近づいてみると、彼の身体は「蝉の脱け殻も同然であった」。

青い小鳥は魂の化身である。青い小鳥といい、仙境で出会った女がまとっていた青衣といい、青は仙境を象徴する色なのだろう。袋を開けたとたんに魂が飛び去るのは浦島子伝説の状況とまったく同じである。仙境から帰った根碩も島子同様に肉体と魂がばらばらで、魂は袋のなかに保管されていた。魂の化身である青い小鳥が袋のなかから飛び去ると、肉体はたちまち生気を失い、蝉の脱け殻のようになる。島子の場合も玉匣を開けると魂は遠く離れていき、同時に島子の肌は皺だらけになり、髪も白くなって、とうとう死んでしまった。このときの島子の肉体も蝉の脱け殻のようであったのだろう。

蝉の脱け殻については、さきほどの『捜神後記』の日本語訳をおさめた『六朝・唐・宋小説選』に補注があり、それによると、「人間が仙人になるときは、俗世に肉体だけを残し、魂が仙界に昇る。あとに残った肉体は蝉のぬけがらのようなものなので、これを『蝉脱《せんだつ》』と称した」という（四頁）。常世にしろ仙境にしろ、いちど他界に遊んだ人間は魂と肉体がばらばらになり、かりに現世に帰ったとしても、その状況は続く。魂が肉体から遊離した状態は、現世からみれば死を意味するから、現世に帰還をはたした島子も根碩も、死者が一時的に帰ってきたまでのことで、要は魂の帰還にほかならない。肉体はすでに魂の脱け殻で、肉体が生気を保っているのは魂が現世にとどまっているという条件つきである。肉体を残して魂だけが他界へ飛び去れば、肉体はただちに生気を失い、蝉の脱け殻同然になる。浦島子伝説の結末では、若々しい肉体から生気が失われていく様子がリアルに描かれている。逆にいえば、これは肉体への強い執着のあらわれにほかならず、そこに中国の不老不死や神仙思想の影響をみることができそうである。

第三章　魂と影

影は魂の仮の姿

現世から他界への道行には睡眠が不可欠であった。眠っている間に霊魂が身体から遊離し、その霊魂が他界に抜け出るのである。前章で検討したように、浦島子の場合も同様で、常世に渡ったのは島子自身ではなく、その霊魂であり、肉体は現世にも他界にも属さない宙ぶらりんの状態に置かれていた。しかし常世に滞在中の島子は地上にいるときと同じように肉体をもち、地上とかわらない生活を送っているようにみえる。実は肉体のように見えるのは影であって、常世における島子は魂の影として存在したのである。ここで私が問題にしたいのは、魂と影の関係である。『和名抄』は霊を「美太万《みたま》」とも「美加介《みかげ》」とも訓じ、また魂魄の二字を用いるともいう。つまり魂と影は同義とされ、もともと同じとみられていたようである。しいていえば、影は魂が目に見える姿で現れたものをいったのだろう。折口信夫は魂と影の関係について、魂はそれ自体が人の姿をもつことがあったといい、「本人の身と寸分違わぬ形を表すものとする。実体のない魂の影である」と述べている（「小栗外伝」）。要するに魂が目に見える姿で現れたのが影であり、魂の仮の姿といってもいい。生前と同じ姿で現れる幽霊もまた魂の影である。

魂の影は本人と寸分違わぬ姿形をもつけれども、実体がないから手で触れることはできないし、もしかりに刃物で傷をつけても血が出ることはないはずである。実体がなく、それでいて本人とまったく同じ姿をもつとされる魂の影とは何か。その前にまず影について考えてみることにしよう。

影といえば、一般には光のあたらない暗い所、あるいは光が物にさえぎられてできる後方の像などが目に浮かぶ。

「病草紙」に描かれた燈台。(『日本絵巻物集成』第九巻、雄山閣より)

後者の例としては影法師などが典型であろう。しかし一方で影には光という意味もある。月影、星影の影は明らかに光をさしている。月影は月の光、星影は星の光である。とはいえ、わざわざ影というからには、通常の光とは違うようである。

そもそも「かげ」は古形「かが」が語源とされ、同根語に「かがよひ」「かぎろひ」「かげろう」などがある。「かがよひ」は「揺れて光る」という意味で、かげは元来、ちらちらと微妙に揺れる光のことをいったらしい。具体的には、月、星、灯火、かがり火などの光がこれに該当する。昼間の太陽の光のようにまばゆい光ではなく、夜陰のなかでちらちらと揺れる淡い光、移ろう光であり、光と闇が交錯するなかで生まれる陰翳を帯びた光のことである。

光がゆれるという意味の「かがやく」も古語の「かが」に由来し、また「かげろう」の透けるように薄い羽根が光を受けてきらきら輝くさまなどは「かげ」の古い意味を考える上で参考になる。カグツチやかぐや姫の「かぐ」もまた「かげ」の同根語で、光がちらちら揺れる様子をあらわす語である。

カグツチ（迦具土）は火の神、かぐや姫は「燦然と光を放つ姫」という意味の他界からやってきた天女であり、いずれもこの世のものではない。このように「かげ」は「かが」を語源とし、この世にありながらこの世のものではない超越的な存在、聖なるものの存在をうかがわせることばである。影が霊魂にかかわることばであり、魂の仮の姿とされるゆえんである。

照明器具の未発達な古代では、昼と夜の対立は鮮明で、とくに夜は圧倒的に闇が支配する世界であった。古代人は昼を「光の世界」、夜を「闇の世界」とみていたのではないだろうか。昼が俗なる時間であるのに対して、夜は聖なる時間であり、夜の闇のなかで明滅する星や月の光、灯火の光はこの世にあってこの世ならざるものの出現を予感させる。だからそれらの光はとくに「影」と呼ばれ、昼間の明るい光とは区別されたのだろう。影は神や霊魂の出現と深くかかわるが、『万葉集』には、闇のなかに揺れる灯火の焔に妻の面影が交錯してあらわれることを詠んだ歌がある。

燈の　かげにかがよふ　うつせみの　妹が笑ひし　面影に見ゆ　（巻一一―二六四二）

ここでいう面影は想像や思い出のなかにあらわれる顔や姿のことではなく、その人の魂が影となってあらわれたものである。妻が夫を恋しく想うあまり、その魂が面影となって灯火の焔に現れたとみることができる。魂の影である。「うつせみの」とあるから、実在する妻である。妻の夫を想う気持ちが強かったのだろう。そのために妻の魂が夫のもとにやってきて、灯火に影としてあらわれたのである。現代人からみると、逆のように思われるかもしれないが、そうではない。妻の身体からあくがれ出た魂が、夫のもとにやってきて、面影として現われたのである。相手を思う気持ちが強いと、魂が身体から抜け出して相手のところまでやってくる。

灯火や水面に人の影が映る

相手のもとへやってきた魂は、夢のなかに現れることもある。たとえば『伊勢物語』の一一〇段は、相手の夢に魂が影となってあらわれた話である。

昔、男みそかに通ふ女ありけり。それがもとより「こよひ夢になむ見え給ひつる」といへりければ、男、思ひあまり出《い》でしに魂《たま》のあるならむ夜ふかく見えば魂むすびせよ

昔、ある男に人目をしのんで通う女がいた。女から「今晩、私の夢にあなたがあらわれました」といってきたので、男はこう詠んで送った。「私があなたを思うあまり、私の身体から抜け出して、あなたのもとへ行った魂があるのでしょう。また夜がふけて夢に見えたならば、私の魂を結び留めるまじないをしてください」。相手を思う気持ちが強いと、身体から魂が抜け出して、相手のもとへ行き、夢となって現われると信じられたのである。

同じ影でも、さらに深刻な話もある。『今昔物語集』巻第三一の第八には、灯火に自分の影が映って死んだ女の話が語られている。御前に出仕していた若い女房がいた。美人で気立てもよく、同僚の女房たちからは小中将の君と呼ばれ慕われていた。ある日の夕方のことである。御燈台に火がともされると、その火に小中将の姿がそっくりそのまま映っているのを女房たちが見つけて騒いでいる。人の姿が影に立ったときは、その灯心の燃え残りをかき落として、かならず本人に飲ませなければならない。さもないと本人は死んでしまう。しかし女房たちのなかにそのことを知っている年配者がいなかったので、灯心をかき落としたままにしておいた。それから二〇日ほどして、小中将はこれといった原因もなく体調をくずし、二、三日、局で寝ていたが、やがて苦しいといって自宅に退出した。それから数日後、あっけなく死んでしまった。

灯火に映った影は小中将の身体から遊離した魂の仮の姿である。灯心の燃え残りをかき落として本人に飲ませれば、魂は無事本人の身体にもどることができる。そうしなかったために、魂は本人の身体から離れたままで、しだいに生気が失われ、とうとう死んでしまった。影は本人の魂が目に見える姿で現れたもので、処置を誤ると、命にかかわるという話である。さきほどの『万葉集』の歌もそうだが、灯火にはよく魂の影が映し出される。灯火そのものが影だから、影に影が重なるように人の魂が映し出されるのである。

灯火にかぎらず池や沼の水面に映る人影もときに危険をともなうことがある。水面に人影が映ると、池や沼の主に影を取られるという伝説がある。「影取池」とか「影取沼」と呼ばれる伝説がそれで、各地に分布する。東京都町田市には「影とり池」という話が伝わっている。小山田と別所（現八王子）の村境の雑木林のなかに長池という寂しい淵がある。昔、小山田太郎高家という新田義貞に仕える武将がいた。武将が戦死し、奥方が夫のあとを追って入水したのがこの池だといわれ、ここを通る女性が池水に姿を映すと水底に引き込まれるという（『日本伝説大系』第五巻、三〇六頁）。水面に映った影はその人の分身、つまり魂の仮の姿とみられていた。だから水面に映った影を取られるのは魂を取られるのと同じで、死を意味する。

影を取られる話は昔話のモチーフの一つでもあり、たとえば「鱶《ふか》に影を呑まれた話」では、ある侍を乗せた船が沖に出たところで動かなくなった。船の近くをフカが泳いでいる。どうやらこのフカが水面に映った侍の影を呑んだらしい。侍がフカに向かって弓を射ると、フカは遠くへ逃げて船は無事に進むことができた。侍がある港に立ち寄ると、大きなフカが浜に上がっている。フカの頭には矢が刺さっているので、これは自分が射たフカではないかと、口のなかに頭を入れて見ていると、突然、口の突っ張り棒がはずれて侍はフカに食い殺されてしまった。

これは一般にはフカの執念深さを語った話とされているようだが、しかし影を取られる点に着目すれば、さきほどの「影取池」や「影取沼」の伝説とモチーフは同じである。影を取られるのは魂を取られるのと同じであるから、結局は死ぬしかないという話である。

影を取られた話

目を海外に向けてみると、影がその人の魂や分身のように考えられていたことは、日本にかぎらず世界の民族にもみられる。フレイザーは『金枝篇』のなかで多くの事例をあげている。たとえば中国では葬式のとき、棺にふたをする段になると、いちばんの近親者を除く大部分の会葬者は二、三歩しりぞく。自分の影が棺のなかに閉じ込められると、健康が害されると信じているからだ。また棺を墓穴に納めるときにも、会葬者は自分の影が墓のなかに落ちるのを避ける。その身に災厄が降りかかるのを恐れたからだという（『金枝篇』二、九二頁）。これは水面に映った影を取られるのと理屈は同じで、自分の影が棺のなかに閉じ込められたり、墓のなかに埋められたりすると、生命の危険にさらされると信じられたのである。

ギリシア神話に出てくる美少年のナルキッソスは池の水面に映った自分の姿に恋をして、憔悴したあげく死んでしまう。水面に映った自分の姿は要するに影であり、魂の仮の姿である。ナルキッソスの影を映した鏡の池には妖精のエコーが住んでいたとされる（バーバラ・ウォーカー『神話・伝承事典』、二一九頁）。エコーはナルキッソスをはじめて見たときから恋いこがれ、彼の気を引こうと躍起になっていた。しかし、ナルキッソスはエコーにはまったくの無関心で、そのためにエコーに影を取られて死んだというのがどうやら話の原形らしい。日本の「影取池」や「影取沼」の伝説とも通じる話で、これがのちに池の水面に映った自分の影に恋して死ぬ話に変化したものと考えられる。

ナルキッソスの話はこれだけでは終わらない。エーリッヒ・ノイマンは人間の意識の発達段階としてみた場合、ナルキッソスの話は自分の肉体への関心と自己愛を重視するだけでは十分でないという。ここには、「自分自身への執着と、愛を要求する呑み込む対象からの離反がはっきりみられる」（『意識の起源史』上、一四九頁）。自己自身を意識化しはじめた自我の意識が、みずからを鏡に映そうとする行為をうながす。そのような意識の発達段階を読み取るべきだという。鏡を見るという行為そのものに、自我意識の発達をみるのである。鏡のなかに自分自身を見る行為そのものが意識的であり、鏡に映った影を見ることで、逆にその影を見る自分が意識化され、自我の発達をうながす。意識化された自分と、無意識化された自分が分離するといってもいい。鏡に映された影は意識化された自分ではなく、無意識化された他者であり、それが影の中に閉じ込められたのである。ナルキッソスの場合はまだ意識が十分に発達していなかったので、最後は水面に映った影、つまり無意識という他者に呑み込まれてしまうのである。

ナルキッソスは水面に映った自分に恋したことになっているが、もう少し正確にいえば、自分自身ではなくもう一人の自分に恋したのである。

ところで水面に姿が映って見えるのを水鏡という。水鏡は鏡の起源ともいわれ、これをあらわした漢字が「鑑《かがみ》」である。鑑は金属製の盤（皿）に水をたたえたかたち、つまり水盤を上から覗き込むという意で、要するに水鏡のことである。鑑が水鏡であるのに対して、「鏡」は銅製の鏡をあらわしている。漢字の鏡は「金」と「竟《けい》」からなり、竟は景と同じで、影の意味だとされる。鏡は影や姿を映し出す銅製の「かがみ」を表している。

すでに述べたように、「カゲ」（影）の古形は「カガ」であるから、カガミはカゲミ（影見）であり、これは影や姿を映し出すとされる漢字の鏡の成り立ちとも符合する。鏡は「影見」であり、影を見るための神聖な道具であった。影は魂が目に見える姿であらわれたものであり、魂の仮の姿であるから、影を映す鏡面はこの世にあってこの世ならざる世界、つまり異次元の世界をあらわしている。

能舞台には「鏡の間」と呼ばれる部屋がある。舞台から見て、橋掛りの突き当りにあるのが幕口で、その奥が鏡の間である。全身を映す大きな鏡を据えた板敷きの間で、楽屋で扮装をととのえた役者が鏡の前で面をつけ、出を待つ。鏡に映った姿を見て、役になりきるためだといわれる。面をつけた役者から見れば、鏡に映った姿は自分自身ではなく、これから演じようとする虚構の世界に生きる人物である。役になりきるとは、鏡像の人物と役者自身が一体化するということであり、鏡の像を自分の影として、自分の他者として見ることだといえる。役者が鏡に見ているのは、衣裳をつけ、面をつけたもう一人の自分である他者、つまり魂の影にほかならない。

鏡は魂の影を映し出す。かりに動物や妖怪が人間に化けても、鏡にはその正体が映し出される。昔話には異類婚姻譚と呼ばれる一連の話がある。動物や妖怪など人間以外のものとの婚姻をテーマにした昔話である。新潟県見附市に伝わる話では、大蛇が女に化けて男の嫁になるが、男の留守に嫁が鏡に向かうと、いつも大蛇の姿が映る（関敬吾『日本昔話大成』二、一三二頁）。嫁は大蛇の仮の姿であって、いくら人間に化けても鏡にはその正体が映し出されるの

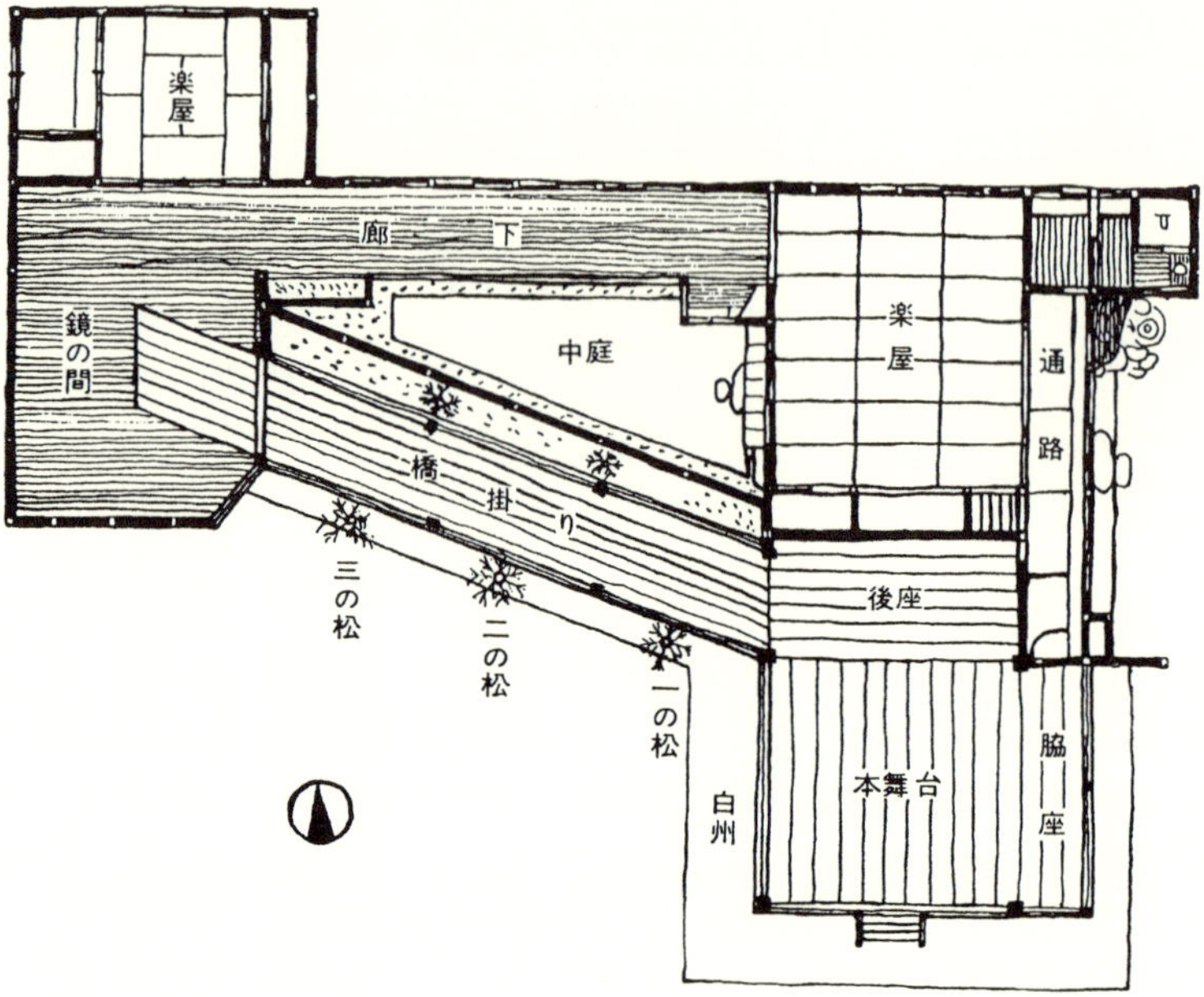

能舞台平面図（金春國雄『能への誘い―序破急と間のサイエンス』淡交社より）

である。正体は、魂の影の別名でもある。

鏡は魂の影を映し出す神聖な道具であり呪具であった。たんなる化粧道具ではなかったのである。今日、私たちの身のまわりには鏡がたくさんあり、一日に幾度となく自分の顔を見ている。しかし古代人が鏡で自分の顔を見る機会はきわめてかぎられていた。それは鏡が貴重品で数が少ないという理由だけでなく、鏡で顔を見ることが特別な行為とみられていたからでもある。『和名抄』には、「鏡　加々美。照人面者也」とあり、鏡は人面を照らすものだという。人面すなわち顔を見るといっても、化粧とは直接関係がなかったらしい。犬飼公之氏によると、藤原師輔が書き残した「九條殿遺誡」の冒頭には、毎朝、鏡で顔を見ることの必要性が述べられているという。

先ず起きて属星の名号《みょうごう》を称ふること七遍。次に鏡を取り面を見る。次に暦を見て日の吉凶を知る。次に楊枝を取りて西に向かい手を洗う。次に仏名を誦《くちづさ》み及び尋常《つね》に尊重するところの神社を念ふ。

ここには朝の日課が記されている。朝起きたら、まず鏡で顔を見ることが肝要だという。次に暦を見て一日の吉凶を知るとあるから、鏡で顔を見るのはむろん化粧のためではなく、鏡に映し出された自分の影（魂）の状態を占うことにあった。鏡には将来を予測したり、過去を映し出したりする呪力があると信じられた。犬飼氏も指摘するように、九條殿家の人々の一日は、「『私』の影を凝視することから始まったのである」(『影の領界』、一七六頁)。

将来を予測するといえば、『古今著聞集』巻第七には、藤原伊道《これみち》がまだ位階の低かったころの逸話が語られている。伊道が常寧殿《じょうねいでん》の井戸に立ち寄って何気なく底をのぞくと、自分の顔が映っている。その顔には大臣の相がみえる。帰宅後、あらためて鏡を取り出して近くで見ると、その相がない。井の水に映して遠くに見ると相が出ていることから、大臣に昇進するのは遠い先のことであろうと判断した。占いは的中し、伊道は六四歳で内大臣に就任すると、あとはとんとん拍子で、左大臣、右大臣、さらには太政大臣にまでのぼりつめた。手鏡にしろ、井の底に映った水鏡にしろ、鏡が吉凶を占う呪具であったことを示している。

鏡面の裏側は異界に通じる

鏡は魂の影を映す呪具である。影は魂が目に見える姿で現れたものであり、鏡面はこの世ならざる世界を映し出す。すると鏡面はこの世と異界が接する境界であり、私たちは鏡面を通して異界をのぞいていることになる。その意味では、鏡面は異界に向かって開かれた窓といってもいい。とくに古代人は、鏡面の裏側には異界が広がっていると考えていたようで、犬飼公之氏は鏡面のもつ境界性にふれ、「古代の人々は、水の面の向こうに水の世界が広がっており、鏡の面の向こうに鏡の世界が広がっており、月の面の向こうに月の世界が広がっていることを疑わなかった」と述べている(同前、三六頁)。水の面の向こうに広がるのは水界である。月の世界も水界と同じく異界である。鏡に映し出される虚像の世界も異界であって、水面、月面、鏡面という面を境界にしてこの世と異界が対峙する構図である。

古代人の発想に引き寄せていえば、神や霊魂など目に見えざるものは、この世では影としてあらわれる。鏡は「影見」であり、神や霊魂の影を映し出すものであり、鏡の向こう側が異界につながるという発想が出てくるのもそのためである。異界のものは鏡の奥からやって来て、その影を見せると思われたのだろう。鏡はこの世と異界のあいだに開けられたいわば窓であり、その窓に異界のものの影が映し出される。さらに一歩すすめていえば、影は鏡面に映るのではなく、実在するものであり、鏡面を窓口にして向こうから立ち現われると考えられたようである。火遠理命の海神宮訪問譚には、このことを具体的に示唆していると思われる場面がある。火遠理命が最初に到着したのは海神宮の門前の井戸辺であった。これは火遠理命が井戸の穴を通って海神宮にやってきたことをうかがわせるもので、海神宮側からみた井戸は現世に通じる入り口であったのだろう。そして塩椎神の助言にしたがって、火遠理命は井戸のかたわらにある神聖な桂の木に登って海神の娘が来るのを待っていた。そのあとの文章を『古事記』から引いてみる。

爾《ここ》に海の神の女豊玉毘売《とよたまびめ》の従婢《まかたち》、玉器《たまもひ》を持ちて水を酌《く》まむとする時、井に光《かげ》有り。仰ぎ見れば、麗《うるは》しき壮夫《をとこ》有り。

そこに海神の娘であるトヨタマビメの侍女が立派な器をもって現れる。彼女が水を汲もうとすると、井に人の姿が映っている。見上げると、美しい男がいる。火遠理命とトヨタマビメが出逢うきっかけとなる場面である。ここで私が注目するのは、「井に光《かげ》有り」という一文である。水を汲もうとすると、樹上にいる火遠理命の姿が井の水面に映っている。そう解釈するのが一般的であろう。水に映った人影である。いずれにしても、井の水面が水鏡になって人の影を映している。しかしこれはどうやら現代人の考え方であって、古代人はこのようには考えていなかったらしい。「井に光《かげ》有り」の解釈をめぐっては引木倶侑氏が興味深いことを述べている。それによると、「水に映る影を見て樹上の者に気づく有様は、水中から火遠理命が出現したことと少しも変りはない」という（「水伝承」）。樹上にいるはずの火遠理命は、実は井の水中から現れたのである。引木氏の論旨を要約すると、井のなかから火遠理命が出現する話が、井の水面に影が映る話に変わったのであり、そこに「文学的とも言うべき理念が入っているような感がある」という。ひとことでいえば、文飾であろう。井のなかから人が出現するよりも、井の水面に人影が映っているとする方がたしかに表現としては文学的である。

井戸の中から影が現れる

井のなかから人が出現する話は『古事記』中巻の神武天皇のくだりにもある。「尾生《い》る人、井より出で来《く》。その井に光有り」。この場合の「光」も「かげ」とよめば、尾のある人が影となって井から出てきたと解釈できる。ここでは、人が井から出てきたことがはっきりと述べられている。海神宮の話に比べると、文飾をほどこす以前の荒削りな表現といえるかもしれない。すでに述べたように、古代人は影を実在するものと考えていたから、これを前提にすれば、水面に影が映っているのではなく、水面下から影が現れたとみるのが自然である。

ここで、火遠理命が海神宮に渡ったときのことをあらためて考えてみたい。前章で述べたように、命は塩椎神のいわれるままに無目籠の小船に乗せられ海底に沈んだ。無目籠の小船に乗るのは、眠ることと同じ意味であり、火遠理命は眠っているあいだに霊魂が肉体から遊離し、その霊魂が海神宮に抜け出たのである。霊魂が抜け出たのは井戸の穴であり、火遠理命が海神宮の門前の井戸辺にいるのはそのためである。火遠理命は海神宮では霊魂の影として存在するわけだから、井戸から抜け出てきたのもその影であり、したがって火遠理命は水中から現れたとする引木俱侑氏の説がここで生きてくるし、そう考えた方が筋も通る。

ともかく火遠理命の霊魂は影として井戸の水中から現れ、海神宮にたどり着いたのである。そしてトヨタマビメと三年間の結婚生活を送ったのち地上に帰ってくる。影は魂が目に見える姿で現れたもので、本人と寸分違わぬ姿をとるとされる。火遠理命は海神宮に滞在しているあいだ霊魂の影として存在した。地上にいるときとまったく変わらない生活を送っているように見えるのはそのためで、これは常世に渡った浦島子についても同じことがいえる。島子もまた常世では魂の影として存在した。火遠理命も浦島子も生きたまま他界に渡り、霊魂が他界に滞在しているあいだ肉体は仮死状態に置かれていた。そしてふたたび地上に帰るときは、霊魂が肉体のなかに入ることになる。しかしすでにみたように、島子の場合は少し違っていた。霊魂は肉体のなかにではなく、玉匣のなかに保管されていたのである。

火遠理命も浦島子も生きたまま他界に渡った。死者も最終的には肉体から遊離した霊魂が他界に渡るわけだが、しかし肉体はすでに滅んでいるから、死者がふたたび地上に帰ることはできない。もし帰ることがあれば、それは肉体をともなわない霊魂だけであって、これがいわゆる幽霊である。幽霊は肉体を失った霊魂が生前の姿で現れたもので、魂の影にほかならない。幽霊には影がないといわれるが、理屈からいっても、幽霊そのものが影であるから、影をもつことはあり得ない。また死者にも影がないといわれる。死者はすでに魂の抜けた肉体だけの存在であるから、影がないのは当然であろう。影は魂の仮の姿であり、生命にかかわるものであって、影をもつのは生者のあかしでもある。影がないのは死者か幽霊だけである。「あの人は影が薄い」などというように、影が薄くなれば生気が失われ、死が近いことを意味する。魂が肉体から離れようとしているため、魂の見える姿である影はその存在が不確かになり、結果的に影が薄くなるのである。

影法師もまた魂の影とみられていたようである。影法師といえば、一般には地上や壁に投影された人の影だが、その影もまた魂や生命にかかわっているのである。影法師は本人の姿とまったく同じ輪郭をもつけれども、輪郭の内側は虚無の闇に包まれている。それは本人の見えざるものが目に見える姿となって現われたもので、これもまた魂の仮の姿である。虚無の闇は本人の知らざるもの、つまり無意識を象徴している。映画やテレビなどの映像技術が発達しても、昔ながらの素朴な影絵に尽きない魅力を感じるのも、たぶんそのことと関係があって、影絵の輪郭の内側に包まれた闇が、私たちの無意識の領域とどこかで響き合うからではないのか。いずれにしても、影はつねに本人のそばに寄り添いながら、本人には見えない魂や無意識の世界を映し出しているのである。

突然、影になったかぐや姫

影はあの世のものがこの世で見せる仮の姿である。ここで『竹取物語』のかぐや姫にもふれておきたい。かぐや姫は他界からやってきた天女であり、この世のものではない。地上で人々が見ているかぐや姫は本来のかぐや姫の姿ではない。そのかぐや姫がいよいよ正体をあらわす場面がある。かぐや姫はたぐいまれな美貌ゆえに五人の貴公子から求婚されるが、解決できそうもない難題をもちかけては拒み通してきた。そして最後に登場するのが帝である。帝は姫を説得して入内させようといろいろ画策するが、かぐや姫はかたくなに拒み続ける。業を煮やした帝はついに強硬手段に出る。翁の家に出向いて、かぐや姫を強引に連れ去ろうとするのである。いわば略奪結婚である。そしていよいよ姫を輿に乗せようと、近づいたそのときである。

御輿を寄せ給ふに、このかぐや姫、きと影になりぬ。

突然、かぐや姫は影になってしまった。かぐや姫はあの世のものであるから、人々の目に見える姫は本来の姿ではない。それが突如、影になってしまったのである。つまりかぐや姫はまことの姿をあらわしたのである。帝は欲しいものは何でも手に入ると思っているが、それもこの世での話であり、いったん影になってしまった姫には、いくら帝でも指一本触れることはできない。影はこの世のものではないからだ。この場合の影はゆらめく灯火にあらわれた影でもなければ、水面に映った影でもない。具体的にはどのように考えたらいいだろうか。影になったかぐや姫については、林田孝和氏が言及している。それによると、「当時の絵画でいう『墨かき』――今日の素描（デッサン）のようなものであったろう。もし『今昔』の小中将の君のように色彩があるにしても、それは静止した『作り絵』のような映像であったろう」という（『王朝びとの精神史』、一〇四頁）。ここでいう小中将の君とは、すでに紹介したように、『今昔物語集』巻第三一の第八の話に登場する灯火に自分の影が映って死んだ女房のことである。影は肉体をもたないから、肉体のような厚みに欠けるのはたしかで、その意味では絵画のような平板なものが想像できるだろう。とはいえ、林田氏がいうような「墨かき」とか「静止した『作り絵』のような映像」であったかどうかはにわかに断定できない。

影については柳田国男の『遠野物語』に実際に影を見たという男の話がのっているので、それを参考にしながら、影の具体的なイメージを考えてみることにしよう。

これは田尻丸吉と云う人が自ら遭ひたることなり。少年の頃ある夜常居《じょうい》より立ちて便所に行かんとして茶の間に入りしに、座敷との境に人立てり。幽かに茫としてはあれど、衣類の縞も眼鼻もよく見え、髪をば垂れたり。恐ろしけれどそこへ手を延ばして探りしに、板戸にがたと突き当り、戸のさんにも触りたり。されど我手は見えずして、其上に影のやうに重なりて人の形あり。その顔の所へ手を遣れば又手の上に顔見ゆ。常居に帰りて人々に話し、行燈を持ちて行きて見たれば、既に何物も在らざりき。此人は近代的の人にて怜悧なる人なり。又虚言を為す人にも非ず（『定本柳田國男集』第四巻、三七頁）。

すでに述べたように、元来、影はちらちらと微妙に揺れる光のことをいったもので、輪郭がはっきりせず、ぼんやりとかすむように見えるのが特徴である。この話によれば、影は不明瞭とはいえ着物の縞模様も見えるし、顔の目鼻も見える。顔をはじめ姿かたちは人間とかわりがない。恐る恐る手を延ばして影に触ってみたものの、触れたという実感はなく、板戸に突き当ったり、戸の桟に触れたりするだけである。しかし自分の手は見えず、その上に人の形が重なって見える。顔のところに手を延ばしても同じで、手の上に顔が見えるという。この話を参考にすれば、影は肉体的な厚みのない不透明な薄い膜のようである。

同じ『遠野物語』七九話にも影を見たという男の話があって、影は「玄関の戸の三寸ばかり明きたる所より、すっと内に入りたり」とあり、九センチメートルほど開いた戸の隙間からすっと家の中に入ったというから、やはり肉体的な厚みに欠けるのが影の特徴といえる。一見すると影法師のようでもある。ただ顔も見えれば着物の模様も見えるから影法師ともちがう。平板で肉体的な厚みがないという点では、肖像画がこれに近いかもしれない。先ほど紹介したように、林田孝和氏はデッサンのような「墨かき」を想定しているが、私はむしろ輪郭の定かでない肖像画を考えてみたい。薄闇がたちこめるなかで実物大の肖像画を見るようだといえば、影の何たるかがおおよそ理解できるのではないだろうか。

かぐや姫は帝が手を触れようとした瞬間、影になってしまった。かぐや姫の影もまた、ちょうど肖像画のようであったのだろう。かぐや姫そっくりだが、平板で肉体としての厚みがなく、かりに手で触れようとしても触れることができない。触れたつもりでも、手は影を突き抜けてしまい、手の上に影が重なって見えるだけである。あまつさえ影になったかぐや姫には地上の者は近づくことさえできない。かぐや姫がここでまことの姿を見せたのもたんなる偶然ではなさそうである。前にも述べたように、かぐや姫のカグはカゲ（影）の古形であるから、かぐや姫は「かげの姫」であり、影として存在する姫という意味でもあったのではないだろうか。一般には、かぐや姫は光り輝く美しい姫という意味だといわれているが、一方で「影の姫」という意味もあったのだろう。かぐや姫が突然、影になったのは、そのことを示唆しているように思える。かぐや姫は「影の姫」であり、物語がいよいよクライマックスを迎える局面で本来の姿をあらわしたとみることができる。

肉体から脱け出る魂

影は魂の仮の姿である。また魂はつねに肉体のなかにとどまっているとはかぎらない。睡眠中、あるいは死が間近にせまったりすると、魂は肉体から遊離することがある。そのときの魂は本人と同じ姿に見えるという。要するに、影としてあらわれるのである。『遠野物語』には、豪家の主人が菩提寺を訪れ、和尚と世間話をして帰った話が語られている（八七話）。和尚は丁重にあしらい、茶などをすすめて話をしたが、どうも様子がおかしい。あとで聞いた話では、主人は大病を患っていて、とても外出などできる状態ではなく、その晩に死去したという。すると寺を訪れたのは、実は本人ではなく肉体から遊離した魂の影であった。和尚が主人をもてなした部屋を改めてみると、茶碗を置いたところに茶のこぼした跡があったという（『定本柳田國男集』第四巻、三八頁）。

和尚が応対したのは豪家の主人その人ではなく、その魂が影となってあらわれたものである。肉体は病床にあり、影だけがひとり歩きをして和尚のもとにやってきた。影は実体がないから、茶を飲んでもみなこぼれてしまう。影は本人とそっくりだが、しかし実体がないから、いくらさわってみても触れたという実感がない。これは実体のある肉体と、実体のない影の関係からいっても理解できるのではないだろうか。それにしても、ずいぶんリアルな影である。和尚は様子がおかしいと思ったものの、本人のつもりで応対しているのだから。

魂と影の関係については、本章の冒頭で折口信夫の説を紹介した。折口は、魂が見える姿で現れたものが影で、魂の仮の姿だという。さらに折口は同じ「小栗外伝」のなかで次のようにもいう。

古代人は光りをかげと言ひ、光りの伴ふ姿としての陰影の上にも、其語を移してかげと言うた。即、物の実体の形貌をかげと言うたのである。人の形貌をかげと言ふのは、魂のかげなる仮貌の義である。だから、人間の死ぬる場合には、人間の実体なる魂が、かげなる肉体から根こそぎに脱出するから、其又かげなる光を発して去るもの、と見るより、魂の光り物を伴ふ場合の、あったりなかったりする説明は出来ない（『折口信夫全集』第二巻、三六七頁）。

いささか難解な文章である。折口がいうように、影には光の意味もある。光といっても太陽のような明るい光ではなく、星影、月影というように、星の光、月の光、それに灯火など、闇のなかにかすかに揺らめくような光をいう。影は闇のなかにちらちらと揺れる光であり、光をともなう陰影のことである。ここまではいい。問題は次である。「人の形貌をかげと言ふのは、魂のかげなる仮貌の義」だという。そもそも魂と影は相対的な関係にあり、折口が魂を実体とみているのは明らかで、それに対して、影は目に見える人間の肉体の姿かたちのことではなく、魂の仮の姿のことをいうのだという。魂の仮の姿とは具体的には何をさすのだろうか。折口のこの文章については犬飼公之氏の解説があるので、参考にしてみよう。「古代人の見た影は人間の肉体の形や姿ではなく、人間の実体としての魂の姿・形であり、それを人間の肉体の姿・形の上に見ていたと言うことになる。もっと単純化して言うと、人間は肉体の姿・形と重なった、魂の姿・形を見ていたことになる」（『影の古代』、七四頁）。

私なりに噛みくだいていえば、人間の姿かたちの上にもう一枚、それと寸分違わぬ影をまとっているといえばいいだろうか。古代人にはその影が見えていた。影は平板で肉体としての厚みに欠け、不透明な薄いベールのようなもので、それが人間の肉体、もしくは姿かたちの上に重なって見えている。これは『遠野物語』に登場する影とも矛盾しないし、要するに影は肉体的な厚みのない不透明な膜のようなもので、これが通常は人間の姿形の上に重なって見えている。古代人はどうやら影というものをこのように考えていたふしがある。

たとえば「あの人は影が薄い」という場合の影もこれにあたるだろう。影が薄いといえば、一般には何となく元気がない、衰弱した様子をいうけれども、古代人の感覚に引き寄せていえば、人の肉体や姿かたちの上に重なって見える影が薄いという意味である。影は魂が目に見える形としてあらわれたものだから、魂のはたらきが弱くなれば、影も薄くなるのである。

鴨長明の『発心集』巻八―四には、「形は人にもあらず、影のごとく痩せおとろへて」とあり、ここでいう影も魂の影のことであろう。魂の影は肉体的な厚みがないから、やせて衰えた様子を影にたとえているのである。要するに、幽霊のようだというのと同じである。幽霊は肉体をともなわない魂の影そのものにほかならないからだ。かりに肉体がなくなっても、魂の影は残るし、また肉体から魂が遊離すると、その影だけがひとり歩きをする。実際に影を見たという『遠野物語』の話はまさにこれで、通常は人間の姿かたちの上に重なっているはずの影が何らかの原因で肉体から遊離してしまうのである。

平板で厚みのない影

「影のわずらい」とか「影の病《やまい》」といわれる一種の離魂病もこれとよく似ている。これは本来、人間の身体のなかにあるはずの魂が身体を離れてしまう病で、河合隼雄氏は『影の現象学』のなかでいくつか例をあげている。そのうち栗原清一著『日本古文献の精神病学的考察』から引用したという一例を紹介しよう。

北勇治という人が外から帰って来て居間の戸を開くと、机におしかかっている人がいる。自分の留守の間に誰だろうと見ると、髪の結いよう衣類帯に至るまで自分が常に着ているものと同じである。自分の後姿を見たことはないが寸分違いないと思われたので、顔を見ようと歩いて行くと、向こうを向いたまま障子の細くあいたところから縁先に出てしまい、後を追ったがもう姿は見えなかった。家族に話をすると、母親はものも言わず顔をひそめていたが、それから勇治は病気となり、その年のうちに死んでしまった（五六頁）。

河合隼雄氏によれば、影の病とは「自分自身の姿を見ることであり、それは自分の魂の脱け出したものであると解釈する」のだという。人間の身体から脱け出した魂が自由に歩き回る。これは生命にとっては危険な状態で、はたして勇治はほどなくして病にかかり、死んでしまった。本人の影を自分が見るか他人が見るかの違いこそあれ、これまで述べてきた影との共通点は多い。たとえば勇治の影は、「障子の細くあいたところから」縁先に出てしまうが、これは『遠野物語』七九話の影が「玄関の戸の三寸ばかり明きたる所より、すつと内に入りたり」とあるのとよく似ている。影はわずかな隙間さえあれば通り抜けることができるほど平板で、肉体としての厚みがない。

また河合氏は影の病に関連して中国に伝わる「魂のぬけ出た話」にも言及している。これは若い男女の恋物語である。猜娘《せんじょう》という娘が王宙という若者に恋をし、二人は相愛の仲になる。しかしそれとは知らずに家族は猜娘を他の男性と婚約させる。宙は恨みを抱いたまま都へ上ることになるが、猜娘は裸足のまま後を追う。そして蜀の国で五年間をともに暮らし、二人の子供をもうける。そのうち猜娘は父母が恋しくなり、家族そろって故郷へ帰ることになる。

しかし故郷の家では猜娘が病気で五、六年も寝たままでいる。猜娘が帰ったという知らせを聞くと、寝ていた猜娘は起き上がり迎えに出る。そして「二人の猜娘が出会うとぴったり一つに合わさって、着物までが完全に重なった」という。

蛇足になるが、宙のあとを裸足のまま追いかけていったのは猜娘本人ではなく、その魂であった。宙を熱愛するあまり、猜娘の身体から抜け出した魂が影となり男のあとを追って都へ上ったのである。一方、魂の抜けた猜娘の身体は衰弱し、病にかかり寝たままでいる。最後は故郷へ帰った魂の影と猜娘の身体が出会うと、ぴたりと一つに合わさり、めでたしめでたしである。

最後に魂の影と身体が出会い、重なるところなどは、わが国の古代人が人間の姿かたちの上に、それとまったく同じ影を見ていたことにも通じる。中国人も日本人と同じように、人間の身体の上に魂の影を重ねて見ていたようである。生命をつかさどるのは魂であり、魂のはたらきが弱まると、魂の影も薄くなると考えられたのだろう。病みあがりのあとなど、まだ体力が元通りに回復しない状態を考えてみるといい。顔の表情もさえず、生気が感じられないものだが、古代人はそこにも影を見ていた。顔の上に重なる影が薄いと見ていたのである。生気が感じられず、元気がないのは、現代人なら肉体が衰弱したせいだと考えるけれども、古代人はそうではなく、肉体の上に重なる影を見ていたのである。顔色がさえない、肌に張りがないのは、要するに影がそう見えるのであって、肉体としての顔ではなかった。また死者の顔は血の気が失われ、生気がまったく感じられないが、古代人の霊魂観によれば、身体から魂が離脱したために、肉体の上に重なるはずの影が消失したことからそう見えるのである。死体は影のない肉体そのものであり、デスマスクは文字通り肉体の顔そのままといっていい。

このように考えると、かつて肖像画が「影《えい》」とか「御影《みえい》」と呼ばれたのも偶然ではなく、両者のあいだには深いいわれがありそうである。肖像画は魂の影を描くことからそう呼ばれたのだろう。肖像画と影の関係について少し考えてみることにしよう。

肖像画と影

京都の神護寺には藤原隆信筆と伝える源頼朝、平重盛、藤原光能の三幅の肖像画がある。隆信は鎌倉初期に活躍した似絵《にせえ》の名手で、三幅の肖像画はその代表作とされる。栗田勇氏はこの三幅の肖像画にふれて、次のように述べている。「いわゆるリアルな人間臭さはない。そんな肉体的存在感からはほど遠い。確かな線画で描かれた顔は、むしろ無表情である。ここには個人ではなく、個人に体現された、人間の典型が描かれている」(『日本美の原像』、一三〇頁)。面立ちは三人三様で、それぞれの個性が描き分けられているのはたしかである。だが栗田氏が指摘されるように、顔の表情は乏しく、また表情だけでなく衣裳もきわめて様式的に処理されている。血の通った肉体を否定することで、むしろ目に見えないものを描き出そうとしているように思える。これは日本の肖像画の特徴でもあった。

日本の肖像画の特徴については山本健吉氏も言及している。山本氏によれば、日本の肖像画は「元来似ることを建前としていない」という。本人に似る、似ないはさほど問題にはならなかった。では何を描こうとしたのか。山本氏は続けて、「眼に見える外貌を模倣することでなく、眼に見えぬその本性、むしろ『たましひ』を捉えることが主眼だった」という(『いのちとかたち』、三二一頁)。本人に似せて描くのは、本人をいわば模倣することであり、表面的に個人を描くことに等しい。目に見える個人の表情ではなく、それを超えて存在する魂を描くことに主眼が置かれていたのである。表面的な肉体としての顔ではなく、肉体の内部に宿る魂を描くことだといってもいい。古代人は人の姿の上に魂の影を重ねて見ていたが、この文脈に沿っていえば、肖像画の目的はその魂の影を描くことにあったのである。魂の影が見えなければ、それは不可能なことで、何をさしおいても絵師には技量以前に魂の影を見ることが求められたのである。

頼朝、重盛、光能という個人の姿をとっていても、そこに描かれているのは実際の肉体をもった生身の人間の姿ではない。個人の姿を借りて、魂が目に見えるかたちに描かれているのだといえる。目に見える表情、衣裳が極端に様式化されているのもそのためで、山本氏の言葉を借りていえば、「装束の部分の描法が、機械化され、抽象化されればされるほど、面貌の部分の『いのち』あるいは『たましひ』は、生き生きとした輝きを増す」のである（同前、八〇頁）。魂と肉体の関係でいえば、魂の容器である肉体を様式的、抽象的に処理することで、中身の魂をあぶり出そうとする。肖像画がなぜ影と呼ばれるのか、その理由もおのずから明らかになる。影は魂が目に見えるかたちに現れたものであり、魂の仮の姿であって、肖像画の目指すところもまた目に見える顔や表情を描くのではなく、目に見えない魂を描くことにあるからだ。その意味では、古代の伝統は鎌倉時代の絵師たちにも受け継がれていたのである。

肖像画がなぜ「影」とか「御影」と呼ばれるのか、その理由もこれでほぼ明らかになったのではないかと思う。

人の姿を描いた絵姿にも、その人の魂が宿ると考えたらしい。絵姿といえば、昔話の「絵姿女房」が有名だが、岐阜県壱岐郡に伝わる昔話は、絵姿を人柱にする話である。新田築のときに堤を築いてもすぐに崩れてしまうので、絵姿を埋めて人柱にすることになった。しかし絵姿を取られると早死にするというので、だれもなり手がない（関敬吾『日本昔話大成』七、三六三頁）。絵姿はその人の分身であり、魂が宿っている。絵姿を人柱にすれば、その人の魂を埋めるのと同じだから、早死にすると信じられたのである。絵姿も肖像画と同じように、その人の魂を描いたものという認識があったようである。

肖像画のほかにも影《えい》と呼ばれるものがある。葬儀の祭壇に飾られる故人の写真や肖像は「遺影」といわれる。いまはスナップ写真のなかから選ぶことが多いようで、故人の生前の姿を偲《しの》ぶよすがとして飾られる。しかし「遺影」というからには、本来は故人の魂の影を描いたものであろう。現在ではほとんど形骸化しているとはいえ、これも肖像画の伝統を今日に伝えるものではないだろうか。

日本に写真術が輸入されたのは幕末から明治にかけてである。写真を撮ることを撮影という。撮影の「影」は人の姿や情景という意味で、かならずしも魂の影という意味ではない。しかし自分の写真をはじめて見た当時の日本人は、魂が抜き取られたような虚脱感というか、不吉な感じをいだいたらしい。身体から魂が抜き取られることは死を意味する。かつて日本人は、人の姿かたちの上に魂の影を見ていたが、写真はその影を写し取るものと信じられたのだろう。これは日本人の心のなかに依然として古い霊魂観が生き続けていた消息を示すものといえよう。

肖像画と魂の話に関連していえば、エドガー・アラン・ポーの短編小説『楕円形の肖像』も興味深い作品である。これは美しい新妻をモデルに肖像画を描く画家の話で、肖像画と魂の関係を考えるうえでも参考になる。画家は肖像画の仕事に情熱を燃やすが、作品が完成に近づくにつれ、なぜか新妻の生気が失われていく。そしていよいよ完成というときに、予期せぬ悲劇が画家と新妻を襲う。結末を河野一郎氏の訳文で味わってみることにしよう。

画家は仕事に没頭のあまり狂喜に近くなり、めったにカンバスから目を離さず、妻の顔を見ることさえ稀であった。画家は気づかなかったのだ――カンバスの上に塗りひろげた色合いは、かたわらに坐した妻の両頰から引き出されたものだということを。やがて何週間もの月日がたち、あとはただ口元に一筆と、目のあたりに一色を残すばかりとなったとき、女の魂はランプの心まで燃えつきた焰のように、最後にぱっと燃え上がった。最後の一筆は加えられ、最後の一色もカンバスに塗られた。そして一瞬、画家は出来上がった作品の前に、恍惚として立ちつくしていた。だが次の瞬間、まだ画面から目を離さず、彼は顔色も蒼白に、驚きに身をおののかせながら、「これはまるで生き身そのままだ！」と大声で叫び、ふとかたわらの愛する妻を振り向いた。――ああ、だが彼女はすでにこと切れていたのだ！（『ポー全集』第二巻、九七―八頁）

狂気と正気のはざまで、画家は愛する新妻の命とひきかえに彼女の肖像画を完成させる。カンバスに塗られた絵の具の一筆一筆は彼女の生気そのものであった。画家は妻の魂をカンバスに写し取っていることに気づかなかったのである。肖像画が完成に近づくにつれ、それとは裏腹に新妻の生気が失われていく。肖像画のめざすところは本人の魂を描くことであって、魂を写し取ることではない。だがその境界はかならずしもさだかではなく、一歩まちがえれば、魂を描くことが魂を写し取ることにもなりかねない。そんな危うさをこの小説は題材にしている。画家は肖像画の制作に没頭するあまり、越えてはならない一線を越えてしまったのである。いずれにしても、この短編小説は肖像画の本質をとらえたみごとな作品ということができる。

第四章　影と住まい

コピーの時代

肖像画は目に見えない魂を描くことが目的だとすると、その対極にあるのがコピー（複製）であろう。周知のように、現代はコピーの時代である。複製画をはじめ、写真、映画、ビデオ、ＤＶＤ、ＣＤ、テープレコーダーなど、映像や音響の世界はコピーなしでは成り立たないし、そのほか建材、食品など、私たちのまわりにはコピー製品が氾濫している。現代人はコピー依存症とでもいえるほど、コピー製品にかこまれた環境のなかで生活しているのである。当然のことながら、コピーは本物（オリジナル）あってのコピーであり、その逆は成り立たない。本物はそれ自体で存在することができるが、コピーは本物がなければ存在することができないし、また意味もない。しかもコピーはつねに本物に寄り添いながら、本物を欺くという宿命を負っている。そこにコピーのコピーたるゆえんがあるといってもよく、皮肉な見方をすれば、コピーは本物の偽物として、本物の価値を高めるのに一役買っていることも事実である。コピーは本物を際立たせる、いわば影の役者である。

建材を例にとると、建材のコピー製品といえばプリント合板が一般にはよく知られている。プリント合板は一見、天然の木材のようだが、実際は合板の表面に天然材の木目を印刷して化粧仕上げしたもので、建具や家具、内装材などに広く使われている。また突板張り合板といって、木材を刃物で薄く殺《そ》いだ板を合板に接着したものもある。これはたしかに表面の面板だけは本物である。しかし下地は合板だから、プリント合板と基本的にはかわりがない。いずれにしてもコピー製品は表面と中身はまったく別物である。このようなコピー製品でつくられた住宅とはいったい何であろうか。コピー製品は表面と中身が別物で、表面はモノではなく、その記号にすぎない。床材も壁材も天井材もすべてコピー製品でつくられた住宅のなかで、私たちが目にするのはモノではなく、その記号であり、私たちは記号にかこまれて生活しているのである。極端な言い方をすれば、私たちは住宅というモノを所有しているのではなく「記号」を所有しているのだといえる。

モノと記号という関係からいえば、最も単純でわかりやすいのは偽ブランド品であろう。偽ブランド品はブランド品のコピーであり、ブランドという記号もしくはイメージそのものである。ブランド品の偽物（コピー）を所有することは、モノを所有するのではなく、ブランドの記号やイメージを所有するのと同じである。ルイ・ヴィトンやエルメスの偽物のバッグを所有することは、バッグというモノを所有するのではなく、有名ブランドのイメージや記号を所有するのと何ら変わりがない。コピー製品が氾濫するなか、現代人の物の所有感覚にも大きな影響をあたえずにはおかない。山崎正和氏は、「現代人の『もの』への執着、『もの』への帰属感はいちじるしく低減している」と述べている（『装飾とデザイン』、二八一頁）。物の記号化、イメージ化がすすんだ結果、私たちはモノへの執着が薄れ、記号やイメージを所有することで欲望を満たそうとする。コピーの時代に生きる私たちは、モノを所有するよりも、記号やイメージを所有することに喜びを見出しているのだといえよう。

コピーは中身を問わない。表層だけを問題にする。プリント合板の中身は合板だが、それは表層の記号を支えるための下地にすぎない。コピーはもっぱら表層に徹することで、むしろ中身を否定する。それは肖像画がめざす方向とはちょうど正反対であり、日本の肖像画は元来、表面的な肉体としての面貌を描くのではなく、肉体の内部に宿る魂を描くことに主眼が置かれていた。だから本人に似る、似ないはさほど問題にはならなかった。肖像画はコピーとは逆に表層ではなく中身を重視するからだ。

コピーは表層の記号が命であり、表層の裏側には無関心である。本物は歳月をへて独特の風合いを見せるし、また使い込むほどに味わいも出てくるが、コピー製品はただ古くなるだけである。そればかりか、山崎氏もいうように、コピー製品は「最後には別の物質であることを露呈する」。コピー製品はたんに老朽化するだけでなく、表面が風化すれば記号であることを停止し、別の物質に変貌する。本物とコピーとの違いが鮮明になるのはこのときである。コピーが問題にするのは表層だが、表層を別のことばでいえば、目に見えている部分だけということである。これは視覚を中心にモノを知覚するという近代の価値観ともおそらく関係があって、それが目に見えないもの、背後に隠されたものへの無関心というか、軽視につながっているようである。視覚を中心にした身体感覚の制度化がコピー文化を生みだしたとはいわないまでも、大きな契機になったことは間違いないだろう。「視力は規格化の安売りをする」とはバシュラールの言葉だが（『蝋燭の焔』、六一頁）、コピー時代はまた規格化の時代でもある。コピーは目に見えている表層の記号だけを問題にする。コピー製品はもともと規格品の大量生産をめざしたもので、その意味でも、コピー文化は規格化の安売りをしているのである。

『春琴抄』と『陰翳礼讃』

視覚の重視と表層の記号化のあいだには深い関係があるけれども、逆に肉体的な視力を失ってはじめて見えてくるものがある。ジャック・デリダは「盲者は見者でありうる、幻視者としての天命を帯びることがありうる」と述べている（『盲者の記憶』、三頁）。盲者は見者であるといえば、谷崎潤一郎の名作『春琴抄』を思い浮かべる人もいるだろう。才芸美貌ともすぐれた春琴と、その愛人であり下男でもある佐助との奇妙な関係を描いた作品である。

春琴は何者かによって顔に大やけどを負う。事件の直後、佐助はみずから自分の目を針で突き刺して盲目になる。春琴の変わり果てた醜い姿を封印し、美しい春琴のイメージを永遠化するために。しかしそれは同時に、目が見えていたときには見えなかった春琴の美しさの発見でもあった。「眼が潰れると眼あきの時に見えなかったいろ〳〵のものが見えてくるお師匠様のお顔なぞもその美しさが沁々《しみじみ》と見えてきたのは目しいになってからである」と佐助は述懐する（『谷崎潤一郎全集』第一三巻、五五三頁）。そのほか春琴の手足の柔らかさ、肌のつや、声のきれいなこと、さらには春琴が奏でる三味線の妙音も、失明後にはじめて味到したともいっている。盲者はまさに「見者」である。視覚が失われると、それを補うかたちで他の感覚が鋭敏になる。研ぎ澄まされた触覚、聴覚、嗅覚、その他の感覚によって新しい世界が開けるのである。それは視力を失ったものだけが知る世界の発見である。

『春琴抄』が書かれたのは昭和八年である。同じ年に随筆『陰翳礼讃』が書かれたのも偶然ではない。よく知られているように、このエッセイは日本の伝統的な室内の美しさが陰翳の濃淡にあるといい、調度品から衣装、食器、料理、女性の化粧にいたるまで、陰翳のなかから生まれ、陰翳と調和するようにつくられてきた。日本の文化は陰翳を基調とし、陰翳のなかに美を見出してきたのだという。光と闇が交錯する陰翳こそ日本の文化の真髄であり、それは視覚を重視し、明るい空間の実現をめざしてきた近代社会に対する批判でもあり、その意味では、『春琴抄』で描かれた世界が随筆の世界で再現されているといっても過言ではない。

『陰翳礼讃』は文化論であると同時に空間論でもある。谷崎は日本の文化が陰翳を基調とするようになった大きな原因を建物の構造にみている。日本の建物は寝殿造にしても民家にしても大きな屋根と深い庇に特徴がある。「何よりも屋根と云う傘を拡げて大地に一廓の日かげを落し、その薄暗い陰翳の中に家造りをする」と谷崎はいう（二一六頁）。陰翳は日本の家屋の構造と切っても切れない関係にあり、大きな屋根と深い庇の下に漂う濃い闇がなければ、そもそも陰翳は生まれないだろう。

谷崎のいう陰翳はもともと空間的な意味をはらんでいるのである。陰翳には明るい影から暗い影までさまざまなバリエーションがあり、その陰翳の濃淡が織りなすコントラストの妙が日本の座敷の美しさを生み出している。いずれにしてもモノクロームの世界であり、谷崎が日本の座敷を墨絵にたとえ、障子は墨色の最も淡い部分で、床の間は最も濃い部分だといっているのもうなずけよう。

ひとくちに陰翳といっても、さまざまなバリエーションがあり、質の違いもあれば色の違いもある。陰影だけでな

旧鈴木家住宅（岩手県一関市）。大きな屋根と深い庇は日本の民家の特徴である。

く闇にもさまざまな色の違い、質の違いがあると谷崎はいう。そしていちど忘れられないある闇を見たといって、京都の島原の角屋で遊んだ折のことを述べている。

何でもそれは、後に火事で焼け失せた「松の間」とか云う廣い座敷であったが、僅かな燭台の灯で照らされた廣間の暗さは、小座敷の暗さと濃さが違う。ちょうど私がその部屋に這入って行った時、眉を落として鉄漿を附けている年増の仲居が、大きな衝立の前に燭台を据えて畏まっていたが、畳二畳ばかりの明るい世界を限っているその衝立の後方には、天井から落ちかゝりそうな、高い、濃い、たゞ一と色の闇が垂れていて、覚束ない蠟燭の灯がその厚みを穿つことが出来ずに、黒い壁に行き当ったように撥ね返されているのであった。諸君はこう云う「灯に照らされた闇」の色を見たことがあるか（四四頁）。

闇にもさまざまな闇があり、また色もある。闇について微に入り細に入り分析する谷崎の手並みは実に見事である。闇を失った現代社会では、谷崎が体験したような闇を見る機会はまずないだろうし、いわんや闇の色の違いなど見分けることさえ不可能である。しかし谷崎が生

行灯の明かりが室内の闇を照らす。闇にもさまざまな色の違い、質の違いがあった（日本民家園）

きた時代には、このような闇や陰翳を一般の民家のなかでも見ることができたのである。屋内の暗がりがもつ不気味な静けさにはどこか身が引き締まるような神聖さが揺曳しているが、谷崎にいわせれば、妖怪や魑魅魍魎が跳躍するのもこのような闇のなかだという。妖怪や魑魅魍魎を神や神霊が零落した姿とみれば、屋内の暗がりは神々や神霊が宿る聖なる空間でもあった。

住まいの中に陰翳を閉じ込める

昔の民家にはいたるところに神々が祀られていた。とくに家の裏側とされる土間や納戸の薄暗い空間に祀られるのは古い土着の神々で、これらの神はこのんで暗い空間に宿るとされた。すでにみたように、納戸は民家の屋内にあって最も暗い部屋であり、そればかりか積極的に光を避けようとする意図がこの空間にはあった。屋内の暗がりには古い土着の神々が棲みついていて、元来、住まいとは人間と神々が共存する場であったことを示している。私たちの祖先は、屋内の暗がりをさほど苦にしなかったばかりか、むしろそこに心のよりどころを見出していたようである。

そう考えると、日本人は家のなかに神を住まわせるために、わざと陰翳を閉じ込めたのではないかとさえ思われる。

さきほども引用したように、日本人は「何よりも屋根と云う傘を拡げて大地に一廓の日かげを落し、その薄暗い陰翳の中に家造りをする」と谷崎は述べているが、これは日本人の住まいづくりの特徴をとらえた的確な表現ということができるだろう。ところがこれとは裏腹に、谷崎の意図はまったく別のところにあって、日本人が薄暗い陰翳のなかに家造りをするのは、気候風土や建築材料などの条件によって、そうせざるを得なかったのだという。

けだし日本家の屋根の庇が長いのは、気候風土や、建築材料や、その他いろ〳〵の関係があるのであろう。たとえば煉瓦やガラスやセメントのようなものを使わないところから、横なぐりの風雨を防ぐためには庇を深くする必要があったであろうし、日本人とて暗い部屋よりは明るい部屋を便利としたに違いないが、是非なくあゝなったのでもあろう（二六頁）。

ここにはカミや信仰の問題をいっさい排除した合理主義的な所論が展開されている。日本人は暗い部屋を甘んじて受け入れたのであって、それは日本の住まいの宿命であったという。部屋が暗いのは、もっぱら建築技術が未熟なせいであり、それ以外の何ものでもないというのが谷崎の考えである。そして、「美と云うものは常に生活の実際から発達するもの」だといい、暗い部屋に住むことを余儀なくされた私たちの祖先は、いつしか陰翳のうちに美を発見し、やがては美の目的に沿うように陰翳を利用するようになったのだという。

谷崎のいう陰翳は純粋に美的なものと考えられているようである。そこには明・暗という二分法で両者を分け、明るさを近代、暗さを前近代とするモダニズムの思考法が透けて見える。文明の進歩とともに夜の闇や暗さが駆逐されるという素朴な進歩思想がモダニズムにはあるが、谷崎もその点では大同小異である。ただ谷崎がたんなる近代合理主義者とちがうのは、明るさではなく闇や陰翳を礼賛してやまないことで、モダニズムの思考法をとりながら、それとは逆に闇や陰翳を賛美するところに『陰翳礼讃』の特徴がある。近代合理主義というスタンスを取りながら、一方ではそれが否定した闇や陰翳を賛美する。論理の一貫性という点からいえば、明らかにねじれがみられる。しかしその論理のねじれから紡ぎ出される谷崎の文章に説得力があることもまた事実で、すぐれた日本文化論が生まれる背景に、西洋合理思想が影を落としていたのは皮肉である。

日本の家屋の構造を気候風土から説明するのは一見、説得力がある。和辻哲郎の『風土論』を引き合いに出すまでもなく、日本の気候風土が民家に影響をあたえたことはだれも否定できないし、日本の民家は自然と風土がつくりあげたものだとする極端な意見さえある。たとえば谷崎も指摘するように、日本の建物の特徴である大きな屋根についていえば、屋根の大きさはその勾配とも関係があって、勾配が大きければ棟も高くなり、結果的に屋根が大きくなる。屋根の勾配を大きくとるのは雨仕舞をよくし、また積雪に対応するためでもある。一般の民家に見られる茅葺屋根は乾燥させた茅を束ねたもので、一本一本の茅はストロー状の細い管からなっている。屋根に落ちた雨水はその傾斜した管に導かれて最後は軒先からしたたり落ちる。屋根勾配がゆるいと途中で雨水が屋根のなかに入り込んでしまい、雨漏りの原因になる。勾配のきつい屋根は、雨の多い日本の風土から生まれた結果にほかならない。また深い庇は外壁の保護という意味でも理にかなっている。そして大きな屋根と深い庇が結果的には屋内を暗くし、長年にわたって日本人は薄暗い部屋のなかで生活するのをしいられてきた。大きな屋根と暗い室内との関係は、このように説明されるのがつねである。

御殿はカゲと呼ばれた

しかし民家の大きな屋根と深い庇に関していえば、気候風土だけでは説明できない面がある。さきほども述べたように、日本の民家は人間と神々が共存する場であった。とくに古い土着の神々がこのんで暗がりに宿ることを考えると、大きな屋根と深い庇にはまた別の意味があったのだろう。つまり日本の建物の屋根が大きいのは、たんに雨露をしのぐばかりか、人工的に日影をつくるためでもあったのではないだろうか。このことは民家にかぎらず、天皇や貴族の住まいである寝殿造にもいえることで、そのあたりをもう少し詳しくみていくことにしよう。

屋根を大きく、庇を深くすれば、当然ながら影ができる。そこで「影」という言葉に着目してみると、『時代別国語辞典・上代編』の「かげ」の項には、「ものに覆われて、日光の直射や雨を避ける建造物。御殿」とあり、かげ（影・陰）に建造物や御殿という意味があるのは興味深い。大きな屋根と、それによってできる日影は宮殿や立派な建物の条件であって、したがって屋根はたんに雨露をしのぐだけでなく、日影をつくるためのいわば装置でもあったらしい。されば御殿を「かげ」と呼んだのであろう。

宮殿や御殿を「かげ」と呼んだ具体例をあげてみることにしよう。『日本書紀』推古天皇二〇年の一月七日には、酒を用意して群卿《まえつきみたち》に宴を賜わった。この日、蘇我馬子は盃をたてまつり、寿《ことほ》ぎの言葉を申し上げたとある。それは「やすみしし　我が大君《おおきみ》の　隠《かく》ります　天《あま》の八十蔭《みそかげ》　出《い》で立《た》たす」（天下を治めるわが大君の、お入りになる広大な御殿、出で立たれる御殿）という言葉ではじまり、ここに「天の八十蔭」とあるのは天皇の御殿をさしている。八十蔭の「八十」はもとは「数が多い」という意味で、そこから「立派な」という語意が派生した。「蔭」は建物のこと。したがって「八十蔭」は御殿、宮殿という意味である。また『延喜式』には「天の御蔭」「日の御蔭」という言葉が散見される。ここでいう「御陰」も宮殿の意味で、「祈年祭の祝詞」からその一部を引用してみる。

……皇神《すめがみ》の敷《し》き坐《ま》す下都磐根《したついはね》に宮柱太知《みやはしらふとし》り立て、高天原《たかまのはら》に千木高知《ちぎたかし》りて、皇御孫命《すめみなのみこと》の瑞《みず》の御舎《みあらか》を仕《つか》へ奉《たてまつ》りて、天《あめ》の御蔭《みかげ》・日《ひ》の御陰《みかげ》と隠《かく》り坐《ま》して、四方《よも》の国を安国《やすくに》と平《たひ》らけく知《しろ》し食《め》すが故に、皇御孫命《すめみまのみこと》の宇豆《うず》の幣帛《みてぐら》を称辞竟《たたへごとを》へ奉《まつ》らくと宣《のたま》ふ。

以下は大意である。皇神《すめがみ》の治める地面の下の磐の根に宮柱をどっしりと占め立て、高天原にむかって千木を高々と立て、皇御孫命のみずみずしい御殿をお造り申し上げて、尊いお住まい所として籠っておられまして、四方の国々を安らかな国として平らかにお治めなされますがゆえに、皇御孫命のよき幣帛を献上申し上げる次第です。そのように皆の者に宣《の》り聞かせる。

祈年祭のほか、月次祭、平野祭、六月晦大祓、春日祭、大殿祭などにも御蔭という言葉が出てくる。いずれも天皇の住まいである宮殿をさしている。このことから御蔭は祝詞に用いられる宮讃めの慣用句ということができる。天の御蔭・日の御蔭という言葉から察するに、空に向かって大きな屋根をかけて日射しをさえぎり、その下に日影をつくる建物のイメージが浮かんでくる。御蔭のほか「御巣《みす》」にも宮殿という意味があって、『古事記』が語る大国主神の国譲りの話にこの言葉が出てくる。天の神の御子が神聖な皇位につく立派な御殿のことを御巣と呼び、そのような御殿を造ってくださるなら葦原中国《あしはらのなかつくに》をお譲りしましょうと大国主神はタケミカヅチノカミにむかっていう。

　唯《ただ》僕《あ》が住所《すみか》をば、天の神の御子の天津日継《あまつひつぎ》知らしめすとだる天《あめ》の御巣《みす》如《な》して、底《そこ》つ石根《いわね》に宮柱《みやばしら》ふとしり、高天原《たかまのはら》に氷木《ひぎ》たかしりて治め賜はば、僕《あ》は百足《ももた》らず八十坰手《やそくまで》に隠《かく》りて侍《さもら》ひなむ。

　そして自分は多くの曲がり角を経て行くような遠いところに隠れておりましょうともいう。「八十坰手」の「八十」は前にも出てきたように、多数の意である。坰（クマ）は隅、デは場所を示す名詞につく接尾語とされる。「くま」（曲・隈・隅）には「奥まった所」「目立たない所」「暗く陰になっている所」「隠しているところ」「秘めているところ」「くもり」「かげり」（『岩波古語辞典』）などの意味があるが、「くま」には奥まった暗い場所のイメージがある。『字訓』は「くま」について、「山や川の入りこんだみえにくいところ。そのようなところは、神の住む聖所とされることが多かった」といい、また峠（たむけ）も同じ意味をもつところであり、神に供える物を「奠《くましね》」ともいうと説明している（三〇四頁）。『万葉集』に「百足《ももた》らず　八十隅《やそくま》坂に　手向《たむけ》せば　過ぎにし人に　蓋《けだ》し逢《あ》はむかも」（巻三―四二七）とうたわれているのは、隈が神の住む聖所であり、実際に手向けの風習があった消息を示すものであろう。このように「くま」は神と深いかかわりのある言葉であり、神はこのような暗い空間にこもるものと考えられていたようである。

神は暗がりに宿る

これは神という言葉の語源からも裏づけることができる。阪倉篤義氏によると、「神」は古語カムに由来し、その意味は「奥まったところに身を隠しているもの」だとされる（「語源―『神』の語源を中心に」）。奥まったところに隠れているものが神である。「奥まったところ」は隈でもあるから、そこはまさに神がこもるのにふさわしい場所であり、「くま」が神の住む聖所とされるゆえんである。

日本には熊野、熊谷をはじめ「熊」という名のつく地名が多く、山の奥深く日中でもほとんど光が射さないところ、あるいは谷間の陰になったところに、こうした地名がつけられたようである。たとえば『出雲国風土記』熊谷《くまたに》の郷《さと》には熊谷の地名の由来を述べたくだりがある。古老の言い伝えによると、身重の久志伊奈太美等与麻奴良比売《くしいなだみとよまぬらひめ》（奇稲田姫）がお産をするために産所を探しているとき、ここまでやって来てみことのりして、「甚《いた》く久麻々《くまくま》しき谷なり」といって喜んだことから、熊谷と名づけられたという。「くまくましき谷」とは「隠れこもった谷」という意味である。

和歌山県の熊野は険岨な峰と谷からなり、『紀伊続風土記』（第二輯）はその地名の由来について、「熊野の熊は隈にて古茂累《コモル》義にして山川幽深樹木蓊欝なるを以て名つくるなり」と説いている（六〇三頁）。熊野の熊は隈で、こもるという意味であり、この地方特有の地形からつけられた地名だという。また熊野は古くは「熊野国」と呼ばれ、「紀伊国」の外にあったが、孝徳天皇の時代、国郡制定により紀伊国牟婁《むろ》郡になった。牟婁（ムロ）は室（ムロ）と同義で、「神奈備の御室《みむろ》」（三室）といわれるように、室（牟婁）には神霊がこもるという意味がある（『和歌山県の地名』、二四頁）。つまり熊野は熊（隈）といい、牟婁（室）といい、神がこもるところという意味でつけられた地名である。大国主神が多くの曲がり角を経て行くような遠いところに隠れているといったのも、熊野のような山の奥である。そこは光の射さない暗く陰になったところであり、神はこのような暗がりにこもると考えられた。したがって住まいのなかに神を祀るとすれば、そこはやはり暗い場所ということになるだろう。民家に住みついた土着の古い神々がこのんで暗がりに宿るのはそのためである。

ところで日本の神社は元来、社殿をもたなかった。山、岩、巨石、樹木など自然そのものに神が宿ると考えられたのである。たとえば日本最古の神社の一つとされる大神《おおみわ》神社は三輪山がご神体であり、とくに社殿は設けられていな

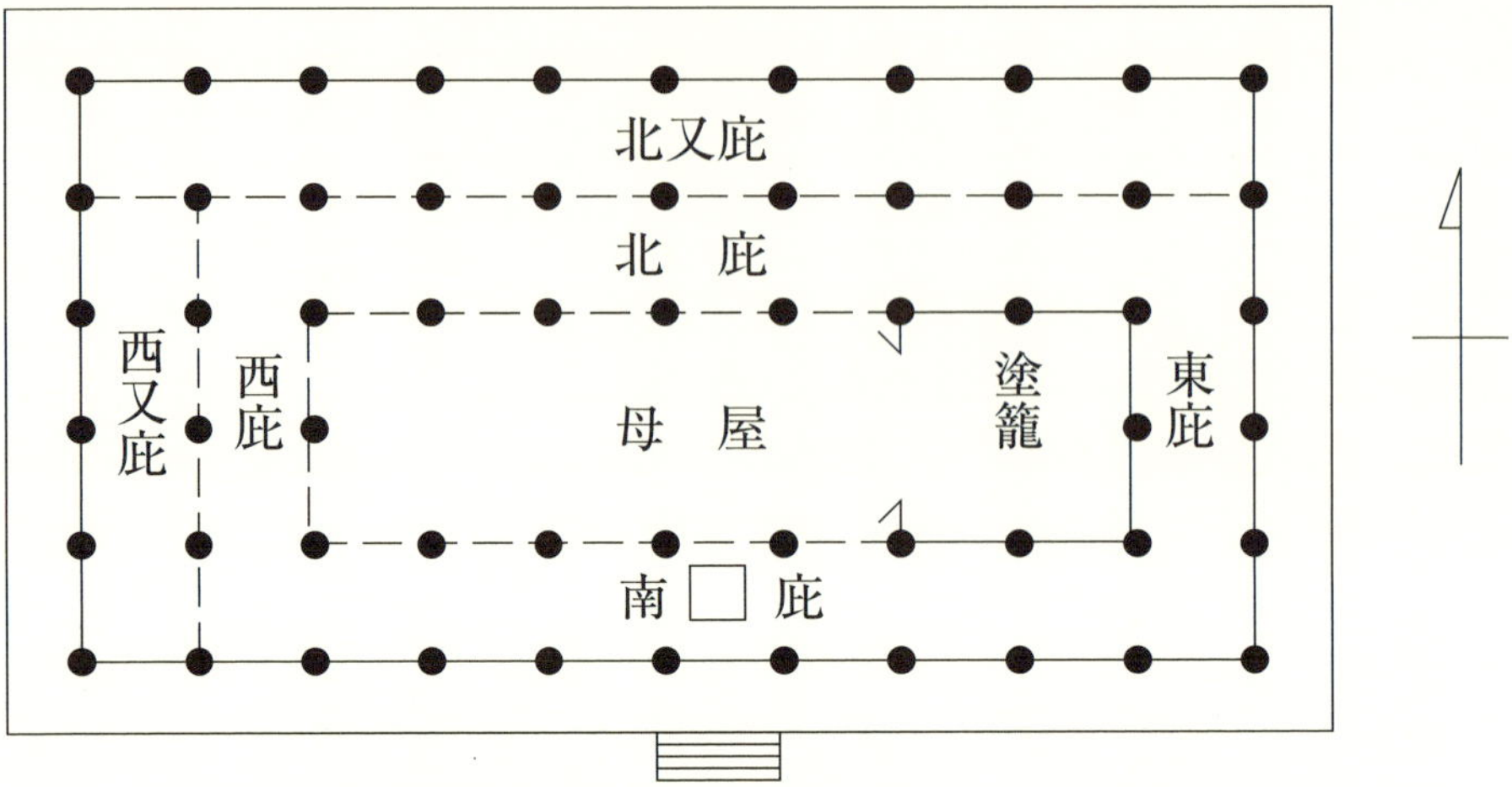

一条大宮院寝殿復元図（太田静六『寝殿造の研究』吉川弘文館より）

い。神社のことを社《やしろ》（屋代）ともいうが、屋代の「代《しろ》」は見立てる、あるいは模写するという意味である。天上にある神殿をかりに地上で見た場合のたたずまいを模したもの、それが屋代である。天上の神殿を屋代に見立てることで、神はその屋代に立ち現われる。屋代を依代にして神が降臨するともいえる。もともと屋代は祭りの期間だけ仮につくられる臨時の建物で、祭りが終わればただちに壊される。祭りのたびに臨時につくられた屋代がのちに恒久的な建物として建造されるようになる。それが社殿である。社殿をもたない大神神社はご神体である三輪山それ自体が屋代であり、それがまた神社の最古の形でもあった。したがって社殿すなわち屋代には、神がこもる山のイメージがつねにつきまとっているようである。

たとえば祭礼で引き出される山車《だし》などはその典型であろう。山車もまた一種の屋代であり、それは山の形を見立て、地上に造り山にすることである。「山車」と表記されるのも、それが山を見立てたものだからであり、郡司正勝氏によると、富山県下では山車のことを「タテモン」というそうである。魚津ではいまでもいい、東岩瀬の曳山も昔はそのようにいっていたという。このことから、郡司氏は建物の元の形を「山」にみている。タテモンとは「作り立てた物」という意味で、「立て物」を建築という場合の初原的な意味がここにあるのだろうという（『風流の図像誌』、四四頁）。また御所のことを「大内山」というのもそのことと関係があって、むろん天皇の住んでいるところが山であるはずはないが、大内山という山に住んでいるイメージを象徴としてもっているのだという（同前、一七頁）。これは神と天皇の関係からいっても納得できるのではないだろうか。たとえば天皇の前身とされる卑弥呼は、『魏志倭人伝』に「鬼道に事《つか》え、能く衆を惑わす」（四九頁）とあり、卑弥呼は神がかりして、神の託宣を聴き、それを宣旨することで国を統治していた。神を祀り、神意を聴くことが天皇の任務であり、したがって天皇の住まいは神を祀る祭場の機能をそなえていたのである。その名残は天皇や貴族の住まいである寝殿造、それも正殿である寝殿にみることができる。

寝殿は大きく分けて母屋《もや》、廂《ひさし》、簀子《すのこ》からなる。中央に母屋があり、その周囲を廂の間が取り囲み、さらにその外側を簀子がめぐっていた。寝殿の最も奥まったところにあるのが母屋で、廂、簀子の順に外部に開かれていた。床は板敷きで、固定した間仕切りは少なく、開放的なつくりが特徴である。ただ母屋の一方に塗籠《ぬりごめ》と呼ばれる閉鎖的な小部屋があったのは注目すべきである。塗籠の三方は壁でふさがれ、一方に入り口の扉があり、扉を閉じれば完全な密室空間になる。寝殿という開放的な空間のなかにあって塗籠のもつ密室性は特異である。

塗籠に住み着く祖霊

寝殿という名称は中国の寝（寝廟）に由来する。「寝」は周代の中国で儒教的な祭祀儀礼が行われた神聖殿のことで、池浩三氏によると、寝は主に「室」と「堂」からなり、室は最も神聖な部屋で、平安朝貴族住宅の寝殿はこの周代の寝の形式を摂取したものだという（『源氏物語—その住まいの世界』、一七—八頁）。たとえば五間四面の寝殿の場合、母屋三間が「堂」で、二間の塗籠が「室」に相当する。天皇の起居する寝殿でいえば、昼御座《ひるのおまし》が堂で、夜御座《よるのおまし》が室ということになる。『和名抄』は寝殿を禰夜（寝屋）または輿止乃（夜殿）と訓じ、寝室のことだと説明している。しかし寝室といっても、いまでいうベッドルームとは少し違うようである。

寝の正字は寢で、『説文解字』には「㝱の省に従ひ（意符）𡨦《しん》の省声（声符）」とあるが、加藤常賢著『漢字の起原』によれば、むしろ「寢の省に従い（意符）帚の声（声符）の形声字」だという（二五二―三頁）。「㝱《ぼう》」は『説文解字』に「寐《い》ねて覚むるあるなり」とあり、「夢」の原字とされる。つまり「寝」は夢を見ることと深くかかわる字である。すでに述べたように、夢は本人が見るのではなく、眠っている間に肉体から遊離した魂が見させてくれるものであった。とくに魂が神と交流し、神から意思を告げられることがあれば、それが託宣である。夢の中で語られることから夢託とも夢告ともいう。西郷信綱氏がいうように、「天皇は夢想において神々と交流する特権者であった」（『古代人と夢』、四六頁）。寝殿は天皇が眠りを通して神霊と交会したり、神意を聴いたりするのが本来の機能であって、たんなる寝室とは違う。とくに寝殿の中にある塗籠は扉を締めると、日中でも光が射さない闇の空間である。ここに神や神霊が宿っていたのである。眠りは一種の死であり、目覚めは再生である。死という表現が大げさなら、仮死状態と言い換えてもいい。寝ている間、仮死状態にある肉体から遊離した魂は塗籠の密室空間に宿る神や神霊と活発に交流する。

塗籠に宿る神や神霊を象徴するのが宝剣である。堀河天皇の時代までは、天皇は宝剣とともに塗籠に寝るのが日課であったらしい。摂関期の天皇は、摂関政治の権力機構という現実的な側面をもつ一方では、神の司祭者としての神秘的な性格を持ち合せていた。いずれにしても天皇は夜ごと塗籠にこもり神と同床することで、魂の強化をはかったのである。塗籠という闇の空間は魂を再生産する場であった。

また貴族も天皇にならって寝殿造の住宅のなかに塗籠を設け、寝室とした。そこには家に代々伝わる刀剣をはじめ宝物がおさめられていた。とくに刀剣には祖霊が宿ると信じられたから、貴族もまた夜ごと祖霊と交わることで魂の更新をはかったのである。塗籠には家を守護する祖先の霊魂が住み着いていたが、『今昔物語集』巻第二七には、そのことを具体的に語った話がいくつかおさめられている。そのうちのひとつは、河原院に住み着いた旧主源融の霊魂が、新しい家主宇多法皇の前に深夜出現しては苦情を申し立てるという話である。「夜半許ニ、西ノ台ノ塗籠ヲ開テ、人ノソヨメキテ参ル気色ノ有リケレバ、云々」とあり、ある夜半、西の対屋の塗籠の戸を開けて、さやさやと衣擦れの音をさせながらだれかやってくる気配がする。塗籠から出てきたのは旧主源融の霊魂で、家を守護する祖霊は塗籠に住み着いていたことがわかる。転居するさい、家人とともに祖霊も一緒に出ていかなければならないが、何かの事情で塗籠に前の家主の祖霊が住み着いたままになっていたのである。

寝殿造の塗籠に相当するのが民家の納戸である。納戸も塗籠と同様に寝室であり、そこには納戸神が祀られていた。納戸神は穀霊で、納戸という暗い空間に穀霊をこもらせるのは、消耗した穀霊を蘇生させるためである。納戸は夫婦の寝室である。ざっくばらんにいえば子供をもうけるための部屋であり、人間の誕生と穀霊の再生が同じ次元で考えられていたわけで、納戸が魂の更新や霊力の再生産に深くかかわっていたことを示している。

寝殿造の塗籠も民家の納戸も魂や霊力の再生産の場であった。そこは日中でも光の射さないいわば影の空間であり、神や霊魂はこのような暗がりに宿ると考えられたのである。寝殿造であれ民家であれ、この影の空間を中核にして住まいはつくられていたわけで、その意味では、住まいとは影の空間を入れる容器であり、つまりは影を作り出す装置であったといっても過言ではない。御殿や宮殿が「かげ」と呼ばれたのもそのためで、屋根で日射しを遮り、影を作り出すことが住まいの要諦と考えられていたのである。

その名残は「家」という言葉の語源にもみられるようである。家の語源は「いへ」で、その原義は「へ」（隔《へだて》）にあり、外部から隔離されて、そのなかに安住しうるような一郭を形成するものが「いへ」であったという（阪倉篤義・浅見徹『家』、三〇頁）。屋根と壁によって外部から隔離されたものが家である。それは「雨や風などの自然の影響を避けるための構築物」という意味もあるが、外部の光に対して、内部に影を作り出す装置という意味もあったのではないだろうか。影には神や霊魂が宿り、私たちの祖先はその影に宿る祖霊や家の神と共存しながら住まいをいとなんでいた。人々は家の神や祖霊に守られて暮らすのを理想とし、そのためには家のなかに影を作り出す必要があったのである。家とは雨露をしのぐだけでなく、屋根と壁によって日射しを遮り、屋内に影を作り出す装置でもあった。

岩井宏實氏は、かつては都市でも農村でも「家中をやたら明るくするものではなかった」と述べている。できるだけ暗くするのを吉とした。とくに大阪の商家などでは、家の前に長い暖簾を吊して家のなかを暗くした。こうすると家のなかの福が逃げずに金が貯まるのだという（『暮しの中の妖怪たち』、二〇五頁）。これも家の暗がりや影のなかに神霊が宿るという信仰がその背景にあり、しかもその神霊が一家の繁栄にかかわっていたのである。

影に守られて

かつて富は水界からもたらされると信じられた。そのことを具体的に語ったのが竜宮童子と呼ばれる一連の昔話である。竜宮は水界の別名で、たとえば岩手県江刺郡に伝わる昔話では、山へ柴刈りに行った爺が刈り取った柴を淵の渦巻きに投げ込む。すると淵のなかから美しい女が出てきて、柴の礼だといって爺を淵の底に案内する。淵は水界の入り口で、爺が招待されたのは水界である。爺は歓待を受け、さて帰ろうとすると、醜い童子を無理やり押しつけられる。童子がいうには、帰ったらだれも気づかないところに自分を置いておけという。爺がその通りにすると、家が段々豊かになる。しかし婆が童子を見つけて家から追い出すと、家はもとのように貧しくなる。童子の存在が家の盛衰に深くかかわっているのである。

注目したいのは、童子が「だれも気づかないところに自分を置いておけ」といっていることで、だれも気づかないところとは、要するに家の奥の間であり、日中でも光が射さない暗い部屋である。童子は水界から派遣された福運をもたらす子供であり神霊である。東北地方に伝わるザシキワラシも出自は同じであろう。ザシキワラシが棲むのも家の奥座敷であった。いずれにしても家の盛衰に深くかかわる神霊は家の暗がりや影になったところに棲みつくと考えられたのである。竜宮童子やザシキワラシが家にいるかぎり一家は繁栄する。富や幸運をもたらしてくれる神霊が棲みつくのは家の暗がりや影になったところだから、人々は影や暗がりに畏怖の念をいだきつつも、一方では、大いなるものに保護されているという安堵の気持ちも感じていたようである。このことは影に庇護とか保護という意味があることからもうなずけよう。

『源氏物語』には「御かげ」という言葉が頻繁に出てくる。「御かげにかくれて、ものしたまへば」（須磨）、「かしこき御かげをばたのみきこえながら」（桐壺）という場合の「かげ」はふつう「庇護」と訳される。かげは自分を保護してくれるものであった。影には神霊が宿るから、その霊威にすがり、その霊威の及ぶところにいれば、身の安全が保障される。影に庇護という意味が生じたのはそのような理由からであろう。民家の薄暗い影の空間には家の神や祖霊が住み着いていたが、その影から人々は大いなるものに庇護されているという安心感を得ていたのではないだろうか。

土橋寛氏によると、ミカゲ（御かげ）はミタマ、ミタマノフユなどと同様に「神や天皇の霊威・恩頼を意味する同義語」とされる（『日本古代の呪禱と説話』、二一七頁）。ミは霊《み》と同根で、神や天皇にかかわる接頭語である。さらに土橋氏は、近世に流行したオカゲ参りにも言及し、これは伊勢大神の恩頼をいただきに行くものであり、また「オカゲを蒙《こうむ》る」のオカゲも、神仏やその他の恩恵の意に由来するという（同前、一九三頁）。オカゲの意味は今でも生きている。相手に対して感謝の気持ちを表すとき、私たちは「お蔭様で」「お陰をもちまして」などという。これも考えてみれば、元来は人間ではなく神や仏の恩恵に感謝する言葉であり、それを人間に向けられた言葉と誤解するのは、信仰心の薄れた現代人のさかしらであろうか。

それはともかく、私たちの祖先は家の神や祖霊に守られながら住まいをいとなんできた。神や神霊はこのんで暗がりや影に棲みつくから、どうしても屋内が暗くなりがちである。民家の屋内が暗いのは、なにも建築技術が未発達なせいではなく、神々とともに暮らすという生活様式にも一因があったのである。大きな屋根と深い庇は、たんに雨露をしのぐだけでなく、屋内に暗がりや影を作り出すための装置でもあった。そして竜宮童子の昔話が暗に語るように、富の源泉は水界にあり、それを媒介するのが竜宮童子と呼ばれる神霊であった。童子が家にいるかぎり家は豊かになる。童子が住み着くのはだれも気づかないような暗い奥座敷である。神や神霊はなぜ暗がりや影になったところに住み着くのだろうか。一言でいえば、そこが異界に通じる空間であったからで、民家の暗がりや影になったところは、この世とあの世の境界であり内なる異界であった。富や幸運が異界からもたらされることを考えれば、水界から派遣された童子が家のなかの暗がりや影になったところ、つまり内なる異界に住み着くのも納得できる。「家中をやたら明るくするものではない」という俗信が語り継がれる根拠も、まさにそこにある。

境界や内なる異界は女性原理が支配する空間でもある。女性原理のはたらきは、ものをつくり出す、創造することであり、その最も根源にあるのは生殖である。そのためにはエーリッヒ・ノイマンがいうように、「闇と静寂が、秘密と沈黙と秘匿こそがふさわしい」(『女性の深層』、一一二頁)。闇や暗がりや影になったところは女性原理の具体的なあらわれにほかならず、その意味でも、住まいとは女性原理が支配する空間であり、それがまた住むことの原感覚でもあった。

あとがき

闇や陰影が最も息づいていたのは古代社会である。照明器具の未発達なこともあって、そこでは昼と夜の対立は鮮明で、夜は文字通り闇が支配する世界であった。闇は私たちの無意識の世界をあらわしていて、古代人はそれだけ無意識の世界に慣れ親しんでいたことを示している。文明の進化とともに闇もしだいに失われ、それと同時に、私たちの意識と無意識が分裂をはじめる。近代に入ると、この傾向にますます拍車がかかり、私たちは無意識と疎遠になり、そのためにさまざまな心の葛藤を引き起こすようになった。闇や陰影の問題は、私たちの心の問題でもある。

もとより、本書は心の葛藤を癒すべく処方箋として書かれたものではない。闇や陰影を手がかりに、そこから紡ぎ出された日本人の他界観を具体的に考えてみたもので、とくに現世と他界の間で行われる魂のやり取りに焦点をあててみた。ただ私には闇や陰影の復権を願う気持ちがあり、それが本書の執筆を後押ししたことはたしかである。

私が闇や陰影に関心をもつようになったのは、谷崎潤一郎の『陰翳礼讃』を読んだのがきっかけである。いまから四五年ほど前のことで、高校の現代国語の教科書にその一部が転載されていたのである。ふつう教科書の内容など授業が終わればそのうち忘れてしまうものだが、このエッセイだけは例外であった。はじめて読んだときの感動がいまでもよみがえってくる。とくに記憶に焼きついているのは、日本料理が昔の薄暗い家のなかで発達したものであり、いかに陰翳と深くかかわっているかを述べたくだりである。記憶の糸をたぐり寄せながら、その部分を引いてみる。

私は或る茶会に呼ばれて味噌汁を出されたことがあったが、いつもは何でもなく食べていたあのどろ〳〵の赤土色をした汁が、覚束ない蝋燭のあかりの下で、黒うるしの椀に澱んでいるのを見ると、実に深みのある、うまそうな色をしているのであった（中略）。また白味噌や、豆腐や、蒲鉾や、とろゝ汁や、白身の刺身や、あゝ云う白い肌のものも、周囲を明るくしたのでは色が引き立たない。第一飯にしてからが、ぴか〳〵光る黒塗りの飯櫃《めしびつ》に入れられて、暗い所に置かれている方が、見ても美しく、食慾をも刺戟する。長くなるのでこれ以上の引用はひかえるが、要するに飯をはじめ、豆腐、白味噌、蒲鉾、とろろ汁など日本古来の白い肌の食べ物は、黒塗りの漆器に盛られ、暗い所に置かれてこそ見た目にも美しく、また食欲をそそるのであって、日本料理はつねに陰翳を基調とし、闇とは切っても切れない関係にあるのだという。食べるという人間の生理的いとなみが、住まいという生活空間と深いところで通底しているのではないか。私はこの文章を読んで、そんな感慨を漠然といだいたのである。むろん高校生の頭で考えたことだから、たかが知れているが、それでも私には一種の啓示であった。

『陰翳礼讃』の全文を通して読んだのは大学に入ってからで、すぐれた日本文化論であることに、あらためて衝撃を受けた。爾来、数年おきに読み返しては、そのたびに新しい発見があり、気がついたら私の座右の書になっていた。

年齢を重ねるにつれ、私の『陰翳礼讃』の読み方も多少変化した。四〇代のはじめに読んだときは、これまでとは少し違った印象を受けた。谷崎のいう闇や陰翳にはカミや信仰の問題がいっさい出てこない。そのことにいささか疑問をいだくようになったのである（谷崎は先刻承知のうえで、あえてこの問題を封印したとも考えられるが）。当時の私は民俗学に親しむようになり、その影響もあったかもしれない。ともかく、新しく芽生えた疑問は、その後も『陰翳礼讃』を読むたびに少しずつふくらみ、私もいつか闇や陰影について書いてみたいと思うようになった。疑問をいだいてから二〇年の歳月をへて、ようやくこのような形にまとめることができたのを自分でも悦んでいる。いまは二〇年来の肩の荷を下ろしたような気持ちであり、ほっとしている。

私はこれまで多くの人に支えられてきた。なかでも二人の恩師のお名前をあげないわけにはいかない。栗田勇先生と藤井博巳先生（芝浦工業大学名誉教授）である。私は二人の先生にお会いするのが楽しみで、そのつど貴重なお話をうかがい、大いに刺激を受ける。私を導いてくださった両先生には、この場を借りて感謝の意をささげたいと思う。

末尾ながら、このたびの出版に際しては、前書と同じく雄山閣のお世話になった。とくに編集部の羽佐田真一氏、編集の労をとられた永井明沙子氏には心から厚くお礼を申し上げる。

二〇一〇年　霜月

狩野敏次

初出一覧

Ⅰ　他界へのまなざし

第一章　「奥」の日本文化　『日本学』二〇号（一九九二年一二月）、原題「住居空間の心身論──「奥」の日本文化」
第二章　納戸のコスモロジー　『生活文化史』第三二号（一九九七年九月）
第三章　出産の作法　『生活文化史』第三四号（一九九八年九月）
第四章　ウブスナと常世信仰　『生活文化史』第三六号（一九九九年九月）、原題「ウブスナ再考」

Ⅱ　魂と肉体

第一章　闇の想像力　書き下ろし
第二章　眠りと他界　書き下ろし
第三章　魂と影　書き下ろし
第四章　影と住まい　書き下ろし

参考文献

Ⅰ　他界へのまなざし

第一章　「奥」の日本文化

ミンコフスキー『生きられる時間』二、みすず書房、一九七七
大野晋他編『岩波古語辞典』、岩波書店、一九七四
上田篤『鎮守の森』、鹿島出版会、一九八四
槇文彦他著『見えがくれする都市』、鹿島出版会、一九八〇
大野晋『日本語をさかのぼる』、岩波書店、一九七四
伊従勉「死者の島」(上田篤他編『空間の原型』、筑摩書房、一九八三)
田畑英勝『奄美の民俗』、法政大学出版局、一九七六
牧野成一『ことばと空間』、東海大学出版会、一九七八
原広司・黒井千次『ヒト、空間を構想する』、朝日出版社、一九八五
谷川健一『常世論』、平凡社、一九八三
ガストン・バシュラール『大地と休息の夢想』、思潮社、一九七〇
栗田勇『われらは美しき廃墟をもちうるだろうか』、TBSブリタニカ、一九七九

第二章　納戸のコスモロジー

鈴木充「湖北地方の民家」(『建築雑誌』九六五号、一九六六)
鈴木牧之『北越雪譜』、岩波書店、一九三六
古川古松軒『東遊雑記』、平凡社、一九六四

田蔦誠一編『壺イメージ療法』、創元社、一九八七
山口昌男・太田省吾「〈生きられる身体〉へ」(『日本学』二〇号、一九九二)
谷川俊太郎編『住む』、平凡社、一九七九
石塚尊俊「納戸神をめぐる問題」(『日本民俗学』第二巻二号、一九五四)
石塚尊俊「納戸神に始まって」(『山陰民俗』二八号)
折口信夫「霊魂の話」(『折口信夫全集』第三巻、中央公論社、一九七五)
折口信夫「石に出で入るもの」(『折口信夫全集』第一五巻、中央公論社、一九七六)
大和岩雄『十字架と渦巻』、白水社、一九九五
鉄井慶紀『中国神話の文化人類学的研究』、平河出版社、一九九〇
大藤ゆき「女の子とナンド」(『女性と経験』五号)
民俗学研究所編『綜合日本民俗語彙』第二巻、平凡社、一九五五
市後崎長昭「屋内に祀る田の神」(『山陰民俗』三五号)
小野重朗『民俗神の系譜』、法政大学出版局、一九八一
谷川健一『民俗の神』、淡交社、一九七五
続日本の絵巻九『慕帰絵詞』、中央公論社、一九九〇
西郷信綱『古事記注釈』第三巻、平凡社、一九八八
栗田勇『神やどる大和』、新潮社、一九八六
関敬吾『日本昔話大成』五、角川書店、一九七八
保立道久『中世の愛と従属』、平凡社、一九八六
野村敬子「納戸の祝福伝承」(『芸能』二七巻八号、一九八五)
稲田浩二他『蒜山盆地の昔話』、三弥井書店、一九六八
柳田国男『妹の力』(『定本柳田國男集』第九巻、筑摩書房、一九六九)

第三章　出産の作法

恩賜財団母子愛育会編『日本産育習俗資料集成』、第一法規出版、一九七五
文化庁編『日本民俗地図』五、国土地理協会、一九七七
瀬川清子『女の民俗誌』、東京書籍、一九八〇
和田正洲『日本の民俗』一四・神奈川、第一法規、一九七四
鳥越憲三郎「志摩の海女民俗誌」(『生活文化史』三一号、一九九七)
牧田茂『神と女の民俗学』、講談社、一九八一
谷川健一『常世論』、前出
武田勝蔵「対馬木坂地方の産小屋と輪墓」(『民族と歴史』二巻三号)
高取正男『神道の成立』、平凡社、一九七九
谷川健一・西山やよい『産屋の民俗』、図書刊行会、一九八一
『古語拾遺』、岩波書店、一九八五
石上堅『日本民俗語大辞典』、桜楓社、一九八三
柳田国男「家閑談」(『定本柳田國男集』第十五巻、筑摩書房、一九六三)
近藤直也『祓いの構造』、創元社、一九八二
田山方南校閲『名語記』、勉誠社、一九八二
『日本俗信辞典』、角川書店、一九八二
田中新次郎「蟹について」(『西郊民俗』一八号)
大藤ゆき『児やらい』、岩崎美術社、一九六八
柳田国男編『山村生活の研究』、国書刊行会、一九八一
西郷信綱『古代人と夢』、平凡社、一九七二
折口信夫「石に出で入るもの」、前出

吉野裕子『陰陽五行と童児祭祀』、人文書院、一九八六
牧田茂「人生の歴史」（『日本の民俗』第五巻、河出書房新社、一九六五）
中山太郎『日本民俗学・風俗篇』、大岡山書房、一九三〇
日本の絵巻七『餓鬼草紙・地獄草紙・病草紙・九相詩絵巻』、中央公論社、一九八七
柳田国男編『産育習俗語彙』、国書刊行会、一九七九
桂井和雄『俗信の民俗』、岩崎美術社、一九七三
高崎正秀『古典と民俗学』、塙書房、一九五九
民俗学研究所編『綜合日本民俗語彙』第一巻、平凡社、一九五五
『神道名目類聚抄』（『古事類苑』神祇部一）
竹村俊則『昭和京都名所圓会』四、駸々堂、一九八三
『年中重宝記』（『日本庶民生活史料集成』第二十三巻、三一書房、一九八一）

第四章　ウブスナと常世信仰

野本寛一『石の民俗』、雄山閣、一九七五
折口信夫「貴種誕生と産湯の信仰と」（『折口信夫全集』第二巻、中央公論社、一九七五）
折口信夫「皇子誕生の物語」（『折口信夫全集』第二〇巻、中央公論社、一九七六）
牧田茂「人生の歴史」、前出
柳田国男編『産育習俗語彙』、前出
金久正『奄美に生きる日本古代文化』、ぺりかん社、一九七八
中山太郎『信仰と民俗』、三笠書房、一九四三
辰巳和弘『「黄泉の国」の考古学』、講談社、一九九六
谷川健一「古代人のカミ観念」（日本民俗文化体系二『太陽と月』、小学館、一九八三）

小嶋博巳「地方巡礼と聖地」(仏教民俗学大系三『聖地と他界観』、名著出版、一九八七)
栗田勇『孤独な日本人』、サンケイ出版、一九八二
保立道久『中世の愛と従属』、前出
日本の絵巻八『年中行事絵巻』、中央公論社、一九八七
続日本の絵巻一五『北野天神縁起』、中央公論社、一九九一
『縣居雑録』(『古事類苑』神祇部一)
日本古典文学大系『謡曲集』下、岩波書店、一九六三
大藤ゆき『児やらい』、前出
鎌田久子「産婆」(『成城文芸』第四二号)
民俗学研究所編『綜合日本民俗語彙』第一巻、前出

II 魂と肉体

第一章 闇の想像力

五来重『宗教民俗講義』、角川書店、一九九五
黒田龍一「床下参籠・床下祭儀」(『月刊百科』三〇三号)
岩崎武夫『さんせう太夫考』、平凡社、一九七三
西郷信綱『古代人と夢』、前出
松居友『沖縄の宇宙像』、洋泉社、一九九九
酒井卯作『琉球列島における死霊祭祀の構造』、第一書房、一九八七
西郷信綱『古事記注釈』第一巻、平凡社、一九五七
白川静『字統』、平凡社、一九八四

白川静『字訓』、平凡社、一九八七
エリアーデ『大地・農耕・女性』、未来社、一九六八
柳田国男『明治大正史』(『定本柳田國男集』第二四巻、筑摩書房、一九六三)
日本の絵巻七『餓鬼草紙・地獄草紙・病草紙・九相詩絵巻』、前出
続日本の絵巻一五『北野天神縁起』、前出
辰巳和弘『「黄泉の国」の考古学』、前出
『松田修著作集』第三巻、右文書院、二〇〇二

第二章　眠りと他界

狩野敏次『かまど』、法政大学出版局、二〇〇四
柳田国男『桃太郎の誕生』(『定本柳田國男集』第八巻、筑摩書房、一九六二)
柳田国男『山島民譚集』(『定本柳田國男集』第二七巻、筑摩書房、一九六四)
井上頼寿『京都民俗志』、平凡社、一九六八
伊藤清司『花咲爺の源流』、ジャパン・パブリッシャーズ、一九七八
日本古典文学全集『古事記・上代歌謡』、小学館、一九七三
丸山顕徳「昔話の時間」(『昔話における時間』、三弥井書店、一九九八)
折口信夫「若水の話」(『折口信夫全集』第二巻、中央公論社、一九七五)
沖浦和光『竹の民俗誌』、岩波書店、一九九一
西郷信綱『古代人と夢』、前出
西郷信綱『古代人と死』、平凡社、一九九九
フレイザー『金枝篇』二、岩波書店、一九五一
河合隼雄『昔話と日本人の心』、岩波書店、一九八二

ユング『心理学と錬金術』Ⅰ、人文書院、一九八四
浅見徹『玉手箱と打出の小槌』、中央公論社、一九八三
白川静『字訓』、前出
中西進『旅に棲む』、角川書店、一九八五
久野昭『異界の記憶』、三省堂、二〇〇四
中国古典文学大系・第二四巻『六朝・唐・宋小説選』、平凡社、一九六八

第三章　魂と影

折口信夫「小栗外伝」(『折口信夫全集』第二巻、中央公論社、一九七五)
『日本伝説大系』第五巻、みずうみ書房、一九八六
フレイザー『金枝篇』二、前出
バーバラ・ウォーカー『神話・伝承事典』、大修館書店、一九八八
エーリッヒ・ノイマン『意識の起源史』上下、紀伊国屋書店、一九八四
関敬吾『日本昔話大成』二、角川書店、一九七八
犬飼公之『影の領界』、桜楓社、一九九三
新潮日本古典集成『古今著聞集』上、新潮社、一九八三
引木倶侑「水伝承」(シリーズ・古代の文学五『伝統と変容』、武蔵野書院、一九八〇)
林田孝和『王朝びとの精神史』、桜楓社、一九八三
柳田国男『遠野物語』(『定本柳田國男集』第四巻、筑摩書房、一九六三)
犬飼公之『影の古代』、桜楓社、一九九一
河合隼雄『影の現象学』、思索社、一九七六
栗田勇『日本美の原像』、三省堂、一九七七

山本健吉『いのちとかたち』、新潮社、一九八一
関敬吾『日本昔話大成』七、角川書店、一九七九
『ポー全集』第二巻、東京創元社、一九六九

第四章　影と住まい

山崎正和『装飾とデザイン』、中央公論社、二〇〇七
ガストン・バシュラール『蝋燭の焔』、現代思想社、一九六六
ジャック・デリダ『盲者の記憶』、みすず書房、一九九八
『谷崎潤一郎全集』第二三巻、中央公論社、一九八二
谷崎潤一郎『陰翳礼讃』、中央公論社、一九七五
『時代別国語辞典・上代編』、三省堂、一九九〇
阪倉篤義「語源―『神』の語源を中心に」（講座日本語の語彙一『語彙原論』、明治書院、一九八二）
仁井田好古『紀伊続風土記』第二輯、臨川書店、一九九〇
『和歌山県の地名』、平凡社、一九八三
郡司正勝『風流の図像誌』、三省堂、一九八七
『魏志倭人伝』他三篇、岩波書店、一九五一
池浩三『源氏物語―その住まいの世界』、中央公論美術出版、一九八九
加藤常賢『漢字の起原』、角川書店、一九七〇
阪倉篤義・浅見徹『家』、三省堂、一九九六
岩井宏實『暮しの中の妖怪たち』、文化出版局、一九八六
土橋寛『日本古代の呪祷と説話』、塙書房、一九八九
エーリッヒ・ノイマン『女性の深層』、紀伊国屋書店、一九八〇

著者紹介

狩野　敏次（かのう　としつぐ）

＜著者略歴＞

1947年、東京に生まれる。芝浦工業大学工学部建築工学科卒業、法政大学大学院工学研究科修了。以後、栗田勇氏に師事。専攻は文化史、建築史。とくに具体的なモノ・場所・空間が喚起するイメージを手がかりに、日本人の他界観を考察している。

日本生活文化史学会、日本民俗建築学会、各会員。

＜主要著書＞

『かまど』（法政大学出版局、2004）、『昔話にみる山の霊力』（雄山閣、2007）、『日本の生活環境文化大辞典』（共編著、柏書房、2010）など。

2011年２月25日　初版発行　《検印省略》

◇生活文化史選書◇

闇《やみ》のコスモロジー ―魂《たましい》と肉体《にくたい》と死生観《しせいかん》―

著　者　狩野敏次

発行者　宮田哲男

発行所　株式会社 雄山閣

〒102-0071　東京都千代田区富士見2-6-9

ＴＥＬ　03-3262-3231／ＦＡＸ　03-3262-6938

ＵＲＬ　http://www.yuzankaku.co.jp

e-mail　info@yuzankaku.co.jp

振　替：00130-5-1685

印　刷　松澤印刷株式会社

製　本　協栄製本株式会社

ISBN978-4-639-02173-5 C0339

N.D.C.383　202p　21cm

■関連書籍

フィールドに吹く風―民族世界への覚え書き／香月洋一郎著　四六判　2730円（税込）

『常陸国風土記』の世界―古代史を読み解く一〇一話／井上辰雄著　A5判　2940円（税込）

アイヌの熊祭り／煎本　孝著　A5判　5250円（税込）

世界遺産時代の村の踊り―無形の文化財を伝え遺す／星野　紘著　A5判　3990円（税込）

クマ祭りの起源／天野哲也著　A5判　2940円（税込）

改訂増補　世界葬祭事典／松濤弘道著　A5判　5250円（税込）

■好評発売中

泰緬鉄道―機密文書が明かすアジア太平洋戦争―／吉川利治著　A5判　3990円（税込）

同盟国タイと駐屯日本軍―「大東亜戦争」期の知られざる国際関係／吉川利治著　A5判　2310円（税込）

近代日本と博物館―戦争と文化財保護―／椎名仙卓著　A5判　4410円（税込）

邪馬台国《ヤマト》―唐古・鍵遺跡から箸墓古墳へ／水野正好・白石太一郎・西川寿勝著　A5判　2520円（税込）

検証「前期旧石器遺跡発掘捏造事件」／松藤和人著　四六判　1680円（税込）